U0523240

新商务系列 之发现方法 ❶

Free Economy

免费经济

中国新经济的未来

刘琦琳 著

商务印书馆
The Commercial Press
创于1897

2011年·北京

图书在版编目(CIP)数据

免费经济——中国新经济的未来／刘琦琳著.—北京：商务印书馆，2011
（新商务系列之发现方法）
ISBN 978-7-100-07083-6
Ⅰ.①免… Ⅱ.①刘… Ⅲ.①网络经济-研究 Ⅳ.①F062.5

中国版本图书馆CIP数据核字（2010）第063509号

所有权利保留。
未经许可，不得以任何方式使用。

免费经济
——中国新经济的未来

刘琦琳 著

商 务 印 书 馆 出 版
（北京王府井大街36号 邮政编码 100710）
商 务 印 书 馆 发 行
北京瑞古冠中印刷厂印刷
ISBN 978－7－100－07083－6

2011年1月第1版　　　开本 880×1240　1/16
2011年1月北京第1次印刷　印张 10¾
定价：24.00元

新商务系列丛书

主　　编：汪丁丁
执行主编：姜奇平　方兴东
编　　委：胡　泳　吴伯凡　段永朝　梁春晓（排名不分先后）
策划统筹：范海燕
学术秘书：王　敏

新商务系列丛书总序

姜奇平

商务印书馆历来重视用人类创造的全部知识财富来丰富自己的头脑。其中一个重要取向,是不断用人类新的知识,更新国人旧的头脑。在上一个社会转型时期,通过对工业文明智慧渊源及思想果实的系统引进,为推动中国从农业社会向工业社会转型,提供了有力的智力支持;在下一个社会转型时期,必将通过对信息文明智慧渊源及思想果实的系统挖掘,为推动中国从工业社会向信息社会的转型再次提供智力支持。从这个意义上可以说,新商务,既是商务印书馆的历史,也是商务印书馆的未来。

我们推出这套"新商务"系列丛书的目的,就是继承商务印书馆的启蒙传统,抓住工业文明向信息文明转型的历史机遇,用下一代经济的先进理念,进行新商务启蒙,为迎接互联网带来的新商业文明浪潮,提供值得追随的智慧。

早在20世纪80年代,托夫勒就预言:人类将从单一品种大规模制造转向小批量多品种的生产方式。以计算机和互联网为代表的先进生产力,有力推动了这一发展方式的转变。这是继农业生产方式转变为工业生产方式之后,人类发展方式又一次深刻的历史转变。从此,人依靠机器生产转变为机器围绕人生产成为可能,个性化制造和规模化协同创新有机结合将成为重要的生产方式。

人类上一次生产方式转变引发的世界范围的经济、社会、文化变化,包括欧美梦幻般的崛起,人们有目共睹;而对这一次意义更为深远的生产方式的转变,包括中国将对人类作出何种贡献,人们没有理由熟视无睹。

"新商务"系列丛书建立在对"下一代经济"核心理念的发现力之上,通过追踪生产方式转变的历史渊源、现实进展以及未来走向,能够从中发现新的经典,发现新的规则,发现新的方法。为此,丛书开辟"发现经典"、"发现规则"、"发现方法"三个子系列。

"发现经典"系列,主要定位于从世界范围信息革命中发现驱动国家转型的力量。通过系统翻译和重新发现世界知名学者的新经济思想和经典著作,为人们探索下一代经济的元逻辑,提供思考线索。"发现规则"系列,主要定位于从中国信息革命的实践中发现具有普遍意义的游戏规则。通过汇集中国学者对新商务实践的总结,为提炼新商务规则提供进一步研究的基础。"发现方法"系列,定位于指导新商务实践。侧重对国内外新商务概念的归纳、对前沿商业模式及其本地化的阐释,以期推动理论与实践的良性循环与可持续发展。

与工业革命"新商务"思想成果的引进不同,除了具有共同特点外,"新商务"系列丛书具有一些特殊性,一是信息革命正在发生,有待成熟,经典、规则与方法都是相对的,在探索中难免失误,恳请读者以批判态度、宽容心态对待;二是中国与世界同步走上信息高速公路,相对以往,中国学者有了更多产生原创发现的机会和条件,我们将以开放心态力推新人,也希望读者与我们共同前行、共同提高。

春江水暖,先下水者当作先知;继往开来,新商务中敢为人先。让我们共勉。

目录

前　言　　中国式免费 /001

第一部分　如何理解免费 /005

第一章　如何理解免费：从营销手段到商业模式 / 007
第二章　Google和腾讯是如何赚钱的 / 013
Google 的"羊毛"和"狗" /014
比尔·格罗斯的遗憾 /016
"凶猛"的企鹅 /017
会员"养"大的腾讯 /019
"聚宝盆"是怎样炼成的 /021

第三章　免费的内在结构：基础平台+增值服务 / 023
腾讯经济学 /023
免费网游的收费之道 /026
阿里巴巴的"网商生态" /029

第二部分　免费的理论解释 /033

第四章　免费的结构：双边市场 / 035
免费的本质就是双边市场 /035
免费是掠夺性定价吗？ /037
双边市场的定价特点 /037
网络外部性的扩展 /040
双边市场里的纵向一体化 /041

第五章　告别货币：注意力经济来了 / 043
"贾君鹏"赚了六位数 /044
注意力经济 /045
从内容到注意力 /047
有效注意力 /049
人民需要无聊 /051

第六章　免费经济的怪现象 / 055
"逃离"新古典经济学 /055

赢家通吃变得更明显 /058
人们可以为"无聊"埋单 /061
"公地悲剧"变成"公地喜剧" /062
免费并没有"省钱" /064

第七章　免费就是乐园：免费的文化注脚 / 067
那一群哈利·波特迷 /068
维基百科的奇迹 /070
从《互助论》谈起 /073
黑客、侠盗与 Linux/074
免费就是乐园 /079

第三部分　免费在中国 /083

第八章　毁灭与解放：免费文艺在中国 / 085
别了，传统唱片业 /086
独立音乐来了 /087
立体的造星运动 /089
版权不是解药 /091
大电影与小电影共存 /094

第九章　新文化时代：免费媒体与免费书籍 / 097
默多克和 Google 的战争 /098
"报纸是属于老人的" /099
"新闻"必须免费 /102
"新闻"可以收费 /103
未来媒体 /104
韩寒的质疑 /106

第十章　免费软件：江湖里的独立营 / 111
免费软件如何收费？/111
从"流氓软件"说起 /113
软件免费之后 /114

第十一章　免费的广阔阵地：传统行业的免费试水 / 117
疯狂的"免费机票" /118

　　　　　　依靠互联网降低成本 /119

第四部分　　免费的质疑和建议 /123

第十二章　　关于免费的八个疑问 / 125
　　　　　　免费会导致产品质量下降吗？/125
　　　　　　免费会令盗版猖獗吗？/127
　　　　　　免费会令专业人士失业吗？/129
　　　　　　用户会习惯免费而导致无法收费吗？/131
　　　　　　免费经济的群体性会让个性经济失去个性吗？/132
　　　　　　免费会加重信息爆炸吗？/133
　　　　　　免费会令渠道消亡吗？/134
　　　　　　免费会削弱责任感吗？/135

第十三章　　如何利用免费：免费的七条建议 / 137
　　　　　　技巧很多，但价值仍然是关键 /137
　　　　　　利用长尾实现个性化服务 /139
　　　　　　明确基础平台与增值服务的界限 /140
　　　　　　利用微支付 /142
　　　　　　把价值"打包" /143
　　　　　　用"众包"理解你的工作方式 /144
　　　　　　让"免费"变得理性 /145

第十四章　　关于互联网新经济的未来 / 149
　　　　　　免费是一种速度 /149
　　　　　　免费之后，是即时的免费 /150
　　　　　　企业、政府的社会责任 /151
　　　　　　"免费"与"慈善"共荣 /152

注释 / 155
参考文献 / 157
后记 / 159

前言　中国式免费

2011年，中国的商业互联网已经发展到第14年。如果用一个词或者一个视角来统领这十多年的互联网发展，"免费"是一个不错的选择。

对于风云际会、瞬息巨变的互联网，免费不足以概括它所有的传奇和懵懂，但是免费却是互联网从小众发烧友走向万千网友庞大世界的根本途径：免费邮箱、免费搜索引擎、免费音乐、免费电影、免费的电子书……想象一下，如果这些东西突然收费将会对生活产生怎样的影响？你会发现，免费，其实是互联网的一个重要禀赋，在中国，尤其如此——免费造就了世界市值第三的腾讯公司，并催生了一个有4.2亿多网民的、生机勃勃的互联网世界。

在《免费：商业的未来》出版的时候，克里斯·安德森被问道："你的这本书会免费吗？"他回答道："我这本书所有的数码版本、朗读版、电子书、在线阅读等，都是免费的。当纸张版本的边际成本是零的时候，书的定价也会是零。"

和安德森遇到的质问相同，"免费"这个词作为商业模式提出来，人们总会不依不饶地追问：是真的免费吗？免费之后是不是藏着收费呢？收费与否是人们对"免费"模式最直观的判断，然而这并不是本书要讨论的免费。

超脱"收费"、"免费"的精确计算，免费在商业模式和互联网文化方面带来的改变，才是免费的真正价值所在。在架构上，是一种传统经济学之外的模式延伸："基础平台+增值服务"模式的清晰区分；在市场特点上，呈现双边乃至多边市场的金钱流向和定价策略的复杂情况。更多层次、更多体验的多重文化，自下而上而不是自上而下的信息制造和传播的过程让社会的财富无限均摊，这是免费的功绩，也是互联网经济的革命性意义所在。

可以肯定的是，比起工业化时代的各种"免费"，互联网时代的"免费"展现了根本性的不同：它不再是一种短期的、非理性的竞争手段，而是一种长期的、理性的商业模式："免费"才能赚钱，"免费"才能长久。在免费模式下，中国出现了很多成功的互联网企业：腾讯、阿里巴巴、百度、盛大、巨人、网易等。它们依托于中国庞大用户数目而构建的基础平台，开发增值服务，取得了巨大成功。其中，腾讯成为排名在Google、Amazon之后全球市值最大的互联网公司。

这说明，免费可以成为一种成功的商业模式。这是免费给予我们的启示之一。在英文的 free 里，有两层含义，一层是 commercial free，即我们通常所说的商业上免费，而另一层含义则是 free，自由——免费的另一层意义在于，免费而形成的互联网环境，也成为互联网文化乃至社会文化变化的一个契机。在中国，免费第一次让互联网从充满硅谷工程师味道的小众情调变成数亿网民的集体狂欢——这就是在中国，这个免费的前沿阵地带给世界互联网的改变。

免费瓦解了行业暴利。在互联网发展中，我们看到，具有资源优势的传统行业越来越受到互联网的竞争影响，一场由免费而起的各行业瓦解暴利的运动正悄然兴起。这让更多人拥有享用资源的权利，让必须通过中间渠道才能与读者相会的产品和服务直面消费者。

免费催生了创造力。当价格门槛被消除，免费让人们处于一种普遍放松的状态，这为创造力的实践提供了绝佳的环境，文艺的繁荣、文化的进步都可能在免费互联网的环境下有更广阔的前景。

与国外互联网相比，似乎中国的互联网"免费"更加独立而有特点：与外国相比，在中国使用互联网，你可以享受最多种类的资源免费。更重要的是，比起国外对免费形式近乎"异数"般的思考和审视，对于免费的艺术和免费的沟通本身与它们所带来的快乐，中国网友习以为常，再天然不过。背靠3亿多网民，网络效应在中国有最好的实践基地。如果说免费是互联网经济的未来，那么这个未来已经在中国实现。

当我们再仔细审视中国市场与世界互联网趋势所形成的这种共振，我们更关心的是：什么是具体的免费模式？如何用免费取得商业的成功？怎么让免费帮助我们建造一个共享、互助、繁荣的互联网世界，乃至现实世界？免费给普通人的生活带来什么改变？

"免费"并不是突然出现的新模式，从 Google 和腾讯诞生的那一刻起，我们现在称之为"免费"的模式就已经诞生。在过去的十多年里，这种模式历尽危机而成为互联网经济的楷模，现在，正是我们理解和开拓这种模式的时候。

平台化是互联网成功企业的一个共同特征。也许你会说，Google 把天下的搜索做尽了，阿里巴巴把天下的生意包揽了，腾讯把中国年轻人的网络聊天时间给占有了，新晋的互联网新秀还有没有旷世的机会？我们的答案是，不仅有，还有很多。

当整个业态还没有从产品向服务转型大踏步走，我们所观察到的成功与失败，都还只是未来的冰山一角。

那么，更大的冰山、更多的机会在哪里？"二分利"模式的盛大文学，蠢蠢欲动的运营商和SP，活跃在中国互联网的各种自发社区和组织，就是"免费"所暗示的商机。那些超越商机的共享、互助带来的快乐，就是免费的根本前途。

更重要的是，对于我们普通人来说，互联网的免费使我们的生活有了极大的改变：我们可以以前所未有的广度和自由度来获得知识，并进行互相交流。我们的工作方式也有可能因此改变，可能会走向众包的多元模式。

2009年岁末，一部"预言"人类文明灭亡的好莱坞大片《2012》在中国上映。影片中，男主角历尽艰辛终于坐定，打开一张指示他们希望的地图，地图上显示着清晰的5个字母："China"——影院的观众不禁哑然失笑。如果说，影片里中国元素的加入只是为了讨好中国市场票房的话，那么，对中国经济和中国市场的好奇却是整个世界窥探中国的动机所在。同中国互联网产业的发展一样，它们看似不循规律的野蛮成长恰恰取得了成功，并验证或者创造了"不可能"的规律。

中国式免费能不能走远？中国的互联网产业能不能走得更远？中国互联网是否有机会引领甚至主导世界互联网发展的风潮？即使概览我们所能观察到的所有生机勃勃的免费模式、所有生生不息的互联网产业，在中国商业互联网发展的第12个年头，我们仍然存有这样的疑惑。免费或者其他，都是商业模式的一种，但也只是商业模式的一种。互联网作为产业、作为生产力，它的未来取决于我们的政府、企业、社会组织是否能用最大的热情、真诚和耐心来对待这个低碳的绿色经济，守好楚河汉界，并各司其职；更取决于我们每个人、每个网友，对自己消费需求的维护和对免费公共精神产品的尊重；更取决于我们在这样一个最好的时代，能否作出最正确的选择。

只有这样，中国互联网才能向着更加可持续的方向发展，才能在未来竞争中赢得主动。而我们要做的就是认识这个免费的世界、认识互联网，并去创造更多的价值和财富、实现更多的快乐和自由。

第一部分　如何理解免费

什么是免费？免费的吉列刀片、免费的吉露果冻、免费试吃、免费试用……这些都属于工业时代的"免费"——免费，是为了让你能更心甘情愿地"付费"。在互联网经济下，在数字时代，什么是免费呢？那就是免费的互联网基础服务。比如免费的搜索引擎、聊天工具，免费的邮箱，免费的音乐、电影、书籍等。用户享受了免费，同时，提供这些服务的互联网公司赢利，并产生了全球市值排名前三位的互联网公司。与免费试用式的"近距离广告不同"，互联网时代的免费告别了它作为营销手段的本质，成为一种长久、理性、稳定的商业模式。

第一章 如何理解免费：从营销手段到商业模式

> 一面是应用该模式带来的巨大的商业成功和它所代表的开放、共享、互助精神，一面是对免费导致无序、浪费，从而导致高品质文化减少的质疑。"免费"到底是什么呢？可以肯定的是，互联网时代的免费，已经超越了一种营销手段，而成为一种真正的商业模式。

2009年12月，一个名为"去哪儿"的旅游搜索引擎宣布，将花费百万资金在全国500个城市同时启动招聘"万元月薪试睡员"计划，预计招募5 000人次。而在此之前，旅游网站艺龙网也推出过招募"五星级酒店试床员"的活动，涉及北京、上海等大型城市的热门旅店；同时，携程网也打出招募"酒店私访团"的消息：招募200人担任考察团成员，免费入住高档酒店。免费入住五星级酒店，甚至还带高薪。

"免费来了。你习惯吗？""非常习惯，这跟超市的促销手段、体验销售根本是一回事儿。"你可能会这么回答。确实，试用、试吃、试驾，甚至试睡，这些不都是免费的吗？确实，广义上的免费早在互联网时代真正蓬勃发展之前就进入了人们的生活。

20世纪90年代，超市进入中国，随着发达的商品零售业到来的，还有"免费"

的促销方式，即使是现在，在家乐福里随便逛逛，你也能发现大量的商品促销：免费品尝的新口味的德芙巧克力、新口味的雀巢咖啡、新口味的蒙牛酸奶，免费试用的新款的旁氏洗面奶……在健身器材和保健用品区，也能看到免费试用的保健器械。

这种"试用装"促销方法一直持续到现在。近几年，体验经济又超越了单纯的免费试用、试吃，成了风尚。2009年7月，中国大陆第一家苹果旗舰店在北京三里屯开业，开业前，门前驻满了自觉忠实的苹果粉丝。同其他体验店一样，在这家苹果体验店里，你可以免费摆弄Mac机、iTouch，旁边会有专业的"店小二"讲解和帮忙。

从免费试用到体验经济，说到底，还只是促销手段之一：实际上，支持这些免费活动的经费同广告费一样，通过生产者和消费者之间的价格转移，把成本核算到了产品的价格中。与那些远远的电视广告、户外广告相比，免费试用或者体验只是一种近距离的"广告"。

而与作为"促销手段"的免费相比，另一种"免费"也是我们经常见到的：作为价格战手段之一的免费。在某些行业竞争的初级阶段，部分上架往往采取"免费"的方式将竞争对手排挤出市场。在这种情况下，往往是通过"忍"和"熬"的方式击垮竞争对手。

于是，在我们的日常生活中，这两种免费成为我们最常见的形式：或者作为优惠形式吸引消费者的促销手段，或者成为残酷竞争中破釜沉舟的应急备案。不过，它们跟我们将要讨论的免费都有本质的不同：**免费，再也不是短暂或假象性的出现，而成为网络经济中一种可行的、具有持久生命力的商业模式。**

"你对免费观看视频、免费看电子书怎么看？"我经常拿这个问题问身边的朋友，而得到的答案几乎总是，我已经交了网费，为什么还要为这些互联网上的东西付费呢？这种天然的免费观念充斥于中国的4.2亿网民的意识中。免费还铸就了一批成长于免费商业模式下的企业。

也许，是这些企业的免费策略"惯坏了"中国网民，总之，在中国上网，交钱是需要深思熟虑的，而免费，是天然的。生活中，它们太常见，与我们的生活重叠在一起，以至于我们都忘记了它们的"慷慨"。

比如，免费的搜索引擎。搜索引擎发展至今已经成为网络生活中不可缺少的工具甚至环境。它几乎无法用现实生活的任何一样商品来比照：它既是字典，又是百科全书，甚至还是课堂和老师，或者说，它是一个所有互联网内容的一个目录。在中国，网友最经常使用的两个引擎就是 Google 和百度。而这两家几乎能提供所有知识的公司所提供的大量基础服务都是免费的：这包括网友最经常用到的 Google Search、Google map、Gmail，以及谷歌中国2009年7月发布的谷歌音乐搜索；而百度搜索、百度知道、百度贴吧，百度指数，也都是免费的。

在中国，你可能会发现，在人们交换联系方式的时候，很多年轻人已经把 QQ 号作为除电话、邮箱、手机号之外的第四个个人标识写在名片上了。QQ 就是中国使用人数最多的一款免费聊天工具。截至2010年3月5日的数据显示，腾讯公司 QQ 同时在线用户数量已经突破1亿大关。与 QQ 轻松、可爱、娱乐的风格相比，MSN 似乎更有办公室氛围。当然，不管它们风格如何迥异，使用它们都是免费的。不过，如果你想要修饰你的 QQ 空间、养宠物、穿 QQ 衣服、就要付费买 QQ 币了。

你每天看电视的时间有多少？现在，如果向中国的年轻人问这个问题，相信答案为零的人不在少数。而更有趣的是，即使人们看电视，也"不好意思"承认了——因为有免费的视频网站可以看，看电视太土了。免费，同时更及时、更丰富，更随心所欲，不是更酷吗？在中国，有很多类似 YouTube 的视频网站：土豆网、优酷网、酷6网、六间房等。与 YouTube 相同的是，这些视频网站都保持了一定的网友原创视频的比例，自拍或者拍你周围的世界。与 YouTube 不同的是，在这些视频网站上，拥有大量转自电视台的影视节目。尽管它们当中的大多数仍然困惑于视频节目的版权问题，不过，对受众来说倒是没有任何负累，因为观看这些视频都是免费的。

你可以再从另一个角度看看免费是如何深入地影响普通人的生活：逛网店。在免费的 B2C、C2C 网站上，你可以轻松地从一家店浏览到另一家店：衣服、鞋帽、明星签名甚至二手的电脑。和逛街不同，你省去了交通费、餐费，也免去了你逛街"只逛不看"时店家给你的白眼——相反，网店老板很欢迎你这样，即使不买，也是增加了他的人气，并且也没有因此多耗一点儿运营成本。这些流量当中的大多数流向了淘宝网。淘宝网是中国最大的 C2C、B2C 电子商务网站。在这个平台上，卖主和买主都享受免费服务。2008年，淘宝网的交易额已经突破了1 000亿元人民币。

在中国，你可能更有机会听到免费的音乐。尽管从面市伊始就难以摆脱版权

"骚扰",但MP3下载已经成为中国互联网巨大流量的重要支柱。实际上,这在中国欣赏电影、戏剧等艺术形式相对较贵的情况下,成为一种非常流行的文艺形式。其中,百度MP3是比较大的集成网站。在这里,你几乎可以免费下载到同CD唱片质量不相上下的MP3歌曲,而迫于竞争压力,Google中国(谷歌)也于2009年7月开始了音乐搜索服务,与谷歌音乐搜索的音乐通过合法授权不同,百度至今仍然时不时地遭遇着版权问题的诟病。不过其音乐的丰富程度、较高的更新速度使百度MP3在中国网民中大受欢迎。

2009年,SNS(Social Network Software,社交网站)变得十分火爆。这可能源于一款叫做"开心农场"的网页游戏,不过这个免费的交友圈确实很方便,简直像一个立体、多维的QQ聊天工具。同Facebook一样,中国的人人网、开心网聚拢了更多在校大学生和白领。在基本SNS网站功能之上,人人网和开心网开发出了多种第三方插件应用。

除此之外,在中国的互联网上,还有可以提供免费电影、电视剧下载的迅雷、电驴及各种美剧论坛;有可以免费发布出售、转让物品信息的58同城、赶集网等;如果你想看免费的外文期刊,在译言网上就能找到最新的翻译版本。在SNS网站人人网上,甚至也有《经济学人》小组,专门对最新一期的《经济学人》杂志封面进行翻译任务的认领,不久,就会在他们的页面上出现质量上乘的翻译作品。

所以,在中国,你几乎只要拥有一台电脑,交付宽带网络费用,或者,直接去当地网吧,就能享受到以上种种的免费服务。

免费,是用户能直接感受到的好处,这些服务的提供者却并不因此亏本。稳定的平台和用户基础使他们获得了更多财富。在这些提供免费互联网服务的公司中,诞生了目前互联网公司中市值排名全球前三的两家公司:美国的Google和中国的腾讯。它们一个为全球数以亿计的用户提供搜索服务,一个为中国4亿多网民、9亿多注册用户提供即时通信服务。这就是我们要说的免费——一种互联网时代的全新的商业模式。

那么,这种互联网时代的免费与工业化时代的所谓"免费"有哪些显著的不同呢?如果说工业化时代的"免费"止于促销手段,那么互联网时代的免费已经超越了它所呈现的形式;**如果说工业化时代的免费是锦上添花、成本低廉的诱惑,或者鱼死网破、破釜沉舟的非理性竞争手段,那么互联网时代的免费就是一种势在必行**

并可以长期可持续发展的理性战略。

作为一种商业模式，一方面，它极大地带动、催生了互联网丰富繁荣的文化和服务种类，成为开放、共享、互助精神的环境标志；另一方面，它又因为版权等问题背上"高品质文化的终结者"、"文化资源的稀释剂"的"罪名"。

"赔本儿赚吆喝"——这句俗语可以说概括了互联网时代之前的所有免费形式。很多时候，商家出于打开市场、排挤竞争对手、获得声誉和知名度的目的，宁可付出短时间的"赔本儿"以换来未来的一个足以弥补这种成本的良好市场。不过，互联网时代的免费不同，它在赔本儿吆喝和持久赢利之间，找到了一种更具生命力和互联网精神的平衡，在资金的来源和去向之间画上了更加复杂的流通曲线。

这到底是怎样的一种风潮？怎样的一种或商业或商业之外的思维？对于免费这种商业模式，还有很多关键点和细节值得我们探讨。

第二章　Google和腾讯是如何赚钱的

> Google和腾讯的成功在于，免费提供对用户有持续、有效价值的免费服务，并在此基础上开发出适合其用户需求的增值服务。

"然而，当我第一次看到Google的Zeitgeist排行榜的时候，我意识到我挚爱的麦金托什计算机被打败了。每天，数百万人对着自己计算机屏幕上Goolge主页白色背景、色彩简洁明快的搜索界面倾诉自己的渴望、恐惧以及各种意图。有人也许会查询'标致'（Peugeot，汽车品牌）经销商里昂，当然，是用法语来问。因为要同别人介绍的陌生男士约会而焦虑不安的女士也许会键入关键词'前科犯人迈克尔·埃文斯'。一位有购置房产打算的人也许会输入'有毒物质环境保护局威彻斯特郡'。Google搜索关键词现在越来越包罗万象，越来越高级，而且它的语法也在不断发展。"[1]

在2006年的一本畅销书中，约翰·巴特利这样描述Google对他的冲击力。确实，搜索引擎，尤其是Google的诞生给人们的改变是显著的。现在，你甚至无法想象没有搜索引擎的互联网世界：从2000年到2008年，Google的浏览量已经从10亿上升至1兆，而每日搜索量从2001年的1 000万上升到2009年的3亿左右。

更重要的是，能提供给你文字搜索、地图搜索、图片和视频搜索的这样一款产品是免费的。

当然，Google并没有因此成为一家慈善机构。北京时间2010年1月22日，Google公布了其2009年第四财政季度的财报，报告称，在截至2009年12月31日的财季内，Google总体营业收入为66.7亿美元，按照美国通用会计准则的第四季度净利润为19.7亿美元，每股收益为6.13美元。截至目前，Google仍然是市值最大的互联网公司——也是市值最大的"免费"公司。[2]

Google的"羊毛"和"狗"

那么，Google的收入从哪里来？如我们所知，广告收入来源是Google Adwords广告系统和Google Adsense广告联盟。我们观察Google几年间财报的数据：Google的广告系统工具确实是它得以维持运作和改进的稳定收入来源。数据显示，这两项的收入综合占到Google总营收的90%以上——从这个意义上讲，将Google称做一家广告中介公司更为合适了。

那么，Google怎么将面向消费者完全免费的搜索变成面向广告商收费的网络"免费"模式呢？"羊毛出在狗身上"——有人这样概括这种"交叉补贴"的关系。这句话形象地说明了在Google广告系统中普通用户和广告主的关系。

这里，我们有必要先解释一下交叉补贴的含义。交叉补贴是一种定价战略。其思路是，通过有意识地以优惠甚至亏本的价格出售一种产品（称之为"优惠产品"），而达到促进销售赢利更多的产品（称之为赢利产品）的目的。[3]不过，在我们所说的Google的例子中，交叉补贴的优惠产品和赢利产品是由不同购买方购买的：广告主"买"了让Google赢利的广告，普通用户则享受了优惠产品，即免费的搜索服务。在这个过程中，普通用户的搜索意向形成了Google数据库的一部分，用户本身也事实上成为Google广告主的广告目标人群。

而对于Google的广告系统，Google Adwords是这样的一种操作模式：Google关键词广告出现在搜索结果的右侧，并标注有"赞助商链接"字样，在每页搜索结果中最多显示8条Google Adwords关键词广告信息。搜索结果页面左侧为自然搜索结果，即没有哪个商家可以通过付费方式将自己的搜索结果排列在自然检索结果中，这些自然搜索是根据 Google 的搜索排名算法自动实现的。当用户用某个关键词在 Google 进行检索时（例如"打折机票"），在搜索结果页面（右侧）会出现与打折机票这一关键词相关的广告（如果有公司购买这一关键词广告的话）。[4]

与20世纪90年代的 Banner 广告（标志广告，又称横幅广告、条幅广告）不同，Google 的 Adwords 按照每次点击收费，使广告商在控制广告成本方面变得容易，而其没有每月最低费用限制，也没有每月最低投放时间要求，这使得 Google Adwords 成为广大中小企业常用的营销工具。除 Adwords 之外，Google 依靠广告联盟 Google Adsense 也取得了相当一大部分的收入。总体来说，这两项收入构成了 Google 的大部分收入，成为我们得以一直免费使用搜索引擎而 Google 不至于倒闭的稳定基础。

那么，你会问，真的有人会在急于搜索一条信息的时候注意到右侧栏的广告吗？首先，一个公司在推出其产品之前必经过充分的论证和翔实的调查，把广告与搜索分离，放在右侧的方式也是如此。为避免复杂的科学论证，我们来看这样一个简单的数据比例：在浏览一个搜索引擎网页时，100个人当中大概有1个人会有兴趣或者不经意间点开一个广告链接。当这种主动或者不经意的点击扩大到一个高达几亿甚至几十亿的用户群时，广告效果就变得十分可观了。

这样，在 Google 的商业模式中，普通用户，即使用搜索引擎的人和 Google 以及另一端的广告主、企业主之间，在资金方面、在对不同人提供不同的效用方面，实现了一个完整的"交叉补贴"——我们每次"免费"搜索所键入的关键字为 Google 提供了有机搜索的数据库来源，并成为 Google 搜索引擎平台的数据基础；Google 则为广告主提供了利用关键字搜索精确接近潜在目标客户的机会；而广告商则为 Google 的工作支付广告费。值得一提的是，以 Google 为例，它把自然搜索结果和广告推荐分开，一定程度上保证了搜索结果的客观性。

在 Google 的模式中，我们找到了"免费"之外的钱的去向：站在 Google 另一边，我们看不见摸不着的万千广告商和企业主的广告费，完成了给全球数以亿计 Google 搜索引擎使用者的"交叉补贴"。

比尔·格罗斯的遗憾

搜索引擎最大可能地区分了市场里的两方：消费者和广告主。这种网络广告模式几乎成为目前互联网广告行业通用的模式，并成就了 Google 强大稳定的经济基础。不过，当初，这一广告模式的诞生却并不从 Google 而来，相反，来自 Google 曾经的竞争对手 Go.To.com（2001 年它改名为 Overture），并跟一位投资家的名字有密切关系：比尔·格罗斯。

1997 年下半年，Go.To.com 诞生于格罗斯的企业孵化器 IdeaLab。20 世纪 90 年代的门户网站，网络广告的形式还没有发展到如今以点击付费为主的阶段，在雅虎、AOL 的网页上，到处可见的是这些门户网站挂在首页上但不必为广告的效果负责的 Banner 广告。格罗斯在这种"不负责"中看到了新机会的可能性：他发现，比起不知来源的巨大流量，含有人类意图信息的分类流量更具价值。而作为搜索引擎工具，用户键入的字符本身，就精确地涵盖了这些意图和信息。

于是，Go.To.com 成了这样一个中间商：它从微软、雅虎、AOL 等购买大量流量，通过搜索引擎的指向作用，将流量引向广告主的网站，广告主则按照"每次点击付费"的原则向 Go.To.com 支付广告费。这就是 Google 乃至万千网站的网络广告模式的最初来源。当时，市面上的搜索公司不止 Google 一家，欺诈性点击、恶意链接给搜索引擎带来的麻烦让那时的谢尔盖·布林和拉里·佩奇（Google 的两位创始人）仍然还将 Google 维持在单纯的搜索引擎的角色。

起初，格罗斯的古怪想法没有得到如今广告业对点击付费模式的广泛承认。它在连续两届 TED（technology，entertainment，design，美国科技、娱乐、设计界盛会，始于 1984 年）上都备受争议。但是格罗斯的商业天才和眼光逐渐得到整个互联网和广告界的承认。最初，为推广自己的新模式，格罗斯以每次点击一美分的价格将这项服务推给客户，事实证明，有价值的流量对广告主的价值是实在的，只要有效，他们愿意出的价格远高于格罗斯的心理价位。最后，"起价"一美分的关键词搜索有的涨到了 25 美分，甚至涨到了 100 美元。

从此，点击付费模式成了网络广告的主要形式，并延续至今。但是，遗憾的是，在比尔·格罗斯的逻辑里，商业手段始终要胜于纯技术的有机搜索：因为欺诈性点击相比搜索引擎技术总是"道高一尺，魔高一丈"。于是，在搜索引擎公司的三要素中（高质量的有机搜索结果，即算法搜索或编辑搜索；搜索付费网络体系；属于自己的访问流量）[5]，Go.To.com 终于因为只具有自己的付费网络体系而败下阵来，让那时拥有高质量的有机搜索结果并开始使用 Google Adwords 的 Google 一记绝杀，最终以16亿美元的价格被合作伙伴雅虎收购。强调商业手段的 Overture 最终泯然于互联网历史，而让颇有技术主义浪漫色彩的 Google 成了全球第一的互联网公司，这其中体现的互联网公司作为"免费"平台的孰为、孰不为，都值得我们反思，这是后话，我们会在后面的章节谈到。

"凶猛"的企鹅

在中国用户的电脑桌面上，你可能会经常看到一只肥肥胖胖的可爱企鹅，它就是腾讯公司 QQ 聊天工具的图片标志，而这款软件现在几乎成为每个人上网交流的必备品。

2010年1月10日，一个名为"星光大典"的活动集结了几乎所有在过去的2009年为人熟知的中国明星。但这并不是电影、音乐的颁奖礼，却是由中国最大的互联网公司——腾讯举办的第四届"星光大典"。在这个活动中，他们会评选出在过去一年最受人们喜爱的明星。

不过，作为普通网友，要想参加这个活动，颇费周章。在关于这个活动的消息中，有这样的说明："11月10日至11月30日，所有玩家可在2009星光大典——QQ 炫舞网络人气专区指定页面对星光大典明星进行投票，参与投票的玩家有机会获得星光大典提供的奖励。11月20日至12月20日，所有玩家可在炫舞游戏内通过开启'2009星光大典专属任务'获得'2009星光大典幸运抽奖'资格。幸运大礼包含炫舞道具点券以及明星签名CD海报照片等。12月1日至12月20日，所有玩家可在炫舞游戏内参与明星挑战赛。届时将以GM线上活动的形式邀请玩家们参与。12月10日至12月30日，所有玩家可在炫舞官方论坛参与明星模仿秀活动，活动结束后为获奖玩家送去丰厚的活动奖励。"

我们姑且不讨论参与这个活动是否需要付费，只是参加这个活动，腾讯就可以让网友把他们的"炫舞"产品体验一遍。而在最后，这个消息还不忘记补充腾讯平台的视频播放功能——"如果您无法亲临现场观看本年度的星光大典,那么就在QQ炫舞星光大典活动专区观看同步直播吧!"成立于1998年,这个拥有数亿用户基础的公司已然是中国互联网业界的"千手观音"。

与 Google 这个免费平台的"交叉补贴"不同,在中国,这家市值巨大(据2010年1月14日当天的股价估算,腾讯的市值接近400亿美元)[6]的公司,为中国4亿多网民、9亿多注册用户提供免费的即时通信服务。那么,腾讯是依靠怎样的模式使一款即时聊天工具成为中国3亿多网民上网的必需品的呢?它又是如何使用户心甘情愿地为那些虚拟的"衣服"和"宠物"花费真金白银的呢?与 Google 实现的用户与广告商之间的交叉补贴不同,腾讯在用户群体的不同层次中间找到了"交叉补贴"的来源和去向。

截至2009年10月份的数据显示,在中国,腾讯QQ注册用户已经达到9亿。当年的小企鹅,已经发展为一个成熟的互联网上市公司,成长为地方信息产业的龙头。当年腾讯QQ的诞生只是始于创办中国"自己的ICQ"的想法,而今的QQ已经成为中国用户数目最大、增值服务种类最为丰富的互联网公司。

腾讯QQ由即时通信软件入手,到拥有较大用户基数的通信平台,再到成为以稳定的基础平台加丰富的增值服务的清晰构架,它的发展充满偶然性和代表意义。

1997年,马化腾接触到了一款以色列软件——ICQ,并成为它的用户。ICQ在现在看来像一个英文干涩版的QQ,但当时,在民用互联网刚刚走入中国普通百姓家庭的年代,这种即时通信工具的魅力是显而易见的。马化腾本人以电脑爱好者的身份对ICQ产生了兴趣,也看到了ICQ在中国普及的困难:一是英文界面不适于中国用户使用,二是在使用操作上仍然倾向于"玩家"而不是普通的互联网用户。

于是,马化腾有了给ICQ做"中国版"软件的想法。不过,马化腾和他的创业伙伴的想法是,做成这个软件卖给ICQ,并没有想要在ICQ上大力投资,更没有想到这会发展成日后影响几亿人交流方式的通信工具。所以,1998年11月,马化腾和他的大学同学正式注册成立"深圳市腾讯计算机系统有限公司"。当时公司的主要业务是拓展无线网络寻呼系统。在20世纪90年代的中国互联网行业中,这种针对企业或单位的软件开发工程可以说是几乎所有中小型网络服务公司的最佳选择。

ICQ正当其时之际,也曾有一家大企业试图投资于ICQ的中文版。刚成立的腾讯公司也准备着手ICQ中文版——OICQ的开发与设计。不过,注定后来QQ发展机缘的是，腾讯没有中标。于是，腾讯决定自己做OICQ，也就是后来的QQ。作为"免费"的QQ，一开始，腾讯并没有指望它能给公司带来赢利。而后来QQ的发展则出乎腾讯自己的预期——当年投标只有30多万的中文版ICQ，在2008年的胡润品牌榜中已经是价值130亿元的互联网品牌了。

1999年2月10日，腾讯推出即时通信服务，正式推出QQ99 b0210，与当时腾讯的主营业务无线寻呼，以及GSM短消息、IP电话网互联。发布当年的11月，QQ就突破了在线人数100万的大关。随后的发展则是大多数当前一代中国网友所见证的。对于初次体验天涯若比邻感觉的中国网友，QQ友好、可爱、易操作的界面马上为其赢得了广大受众群，传播速度惊人：2002年3月，QQ注册用户数突破1亿大关，2004年4月，突破3亿大关，截至2009年10月份的数据，这个数字达到了9亿，已经超过了统计中的中国网民数量（截至2009年12月份的数据）3.84亿[7]——很多网友同时拥有多个QQ账号，在一些网点和论坛，QQ号已经成为可以交易的虚拟"财产"了。

在一则腾讯公司的文化海报里，腾讯公司员工用他们的身体站成不同的队形，摆出一个中国的"大"字，寓意腾讯不断发展壮大，企业文化博大精深。而在我们看来，高市值、高利润、多平台的腾讯确实在充满短平快小公司的中国互联网世界里显得"大"，而把这只企鹅养大的，正是腾讯QQ的几亿用户，尤其是它的QQ付费会员。

会员"养"大的腾讯

从1999年到2009年，腾讯QQ已经从一个近乎偶然的附属品发展为一个极具商业价值和用户基础的平台了。现在，如果你还只是QQ的普通用户，只用QQ来聊天、视频、传文件，QQ还是免费的。那么，这个"免费"平台是如何赚钱的呢？

答案是：广告业务必不可少，但是增值服务所占比重更大，并且越来越大。2009年11月11日，腾讯公司公布了其第三季度财报：2009年第三季度，腾讯公司营收为33.689亿元，比上年同期增加66.4%，环比增加17%。其中，互联网增值服务收入为26.226亿元，同比增加87.3%，比上季度增加21.6%。期内移动及电信增值服务收入4.462亿元，同比增加19.8%，比上季度减少5.1%。而第三季度网络广告收入为2.936亿元，同比增加了17.9%。[8]相比来说，互联网增值服务的增长速度已经快于网络广告收入，并已经逐渐成为腾讯公司收入的中流砥柱，与受经济形势影响的网络广告存在的潜在不稳定性相比，腾讯的忠实用户所贡献的增值服务的收入更为稳定可靠。

那么，腾讯QQ有哪些互联网增值服务？怎样一个"免费"的聊天软件成长为一个增值服务丰富的互联网品牌呢？

腾讯公司成立之初，QQ平台并不是它们的主营业务，当然也不是主要的收入来源。在经过两年多的探索之后，移动增值业务，腾讯终于借助当时中国电信业发展的机会找到了赢利增值的突破口。

2000年，腾讯公司推出了移动增值服务，成为电信运营商中国移动"移动梦网"的SP（Service Provider，服务提供商）。移动及通信增值服务内容具体包括：移动聊天、移动游戏、移动语音聊天、手机图片和铃声下载等。

在这项服务所得的收入中，包括通信费和信息服务费两部分。运营商完全占有所得的通信费，而信息服务费用则一般按照SP和电信运营商事先约定的比例分成。就这样，QQ找到了这个平台的赢利突破口。

现在，腾讯的增值服务仍然是分为网络增值服务和移动增值服务，线上线下，仍持续地带给腾讯以丰厚的收益。

现在，在网络上，普通QQ用户在付费成为QQ会员之后，可以选择成为红钻、黄钻、蓝钻、绿钻直至粉钻、紫钻、黑钻会员，都是不同级别、不同功能的QQ增值服务套餐；各种小应用还有魔法表情、QQ千里眼、QQ网络硬盘、QQ网络杂志、灵动QQ等。此外，还有QQ图书、VIP、QQ高级交友用户、游戏VIP，除了这些网上增值服务，还有手机QQ、超级QQ这些移动互联网上的增值业务。

现在，如果你在搜索引擎里输入"QQ增值业务"，几乎是产品线状的搜索结果就会出现。比如"QQ增值服务购买指南"、"有人想做QQ增值服务的代理吗"、"关于QQ增值服务的综合防骗准则"，等等，甚至在中国最大的B2C网站淘宝网上，有专门的店用来出售增值服务，有最新的各项QQ增值服务的报价，甚至还有一个叫做"QQ增值服务交易网"的链接出现在搜索结果的前几条。

这些增值服务很贵吗？除了贩卖一些比较酷的QQ号（比如早期的注册用户的5位、6位的号码或者含6、8、9多的或者有纪念意义的号码），价格随卖主开价之外，其他的增值服务大多在10块钱人民币以下。但是，当用户群体达到一定数量（据一项不完全统计显示，截至2009年9月，QQ会员人数已经超过556万），这种单笔交易不起眼的微支付就能体现威力了。

"聚宝盆"是怎样炼成的

看到上文的腾讯财报中的数据，你可能会问，中国的年轻人当中，真的有那么多人会花钱，确切地说是不断地花钱投入于那些虚拟的衣服、虚拟的宠物和虚拟空间的装饰与各种"酷炫"的工具吗？

答案是：有，真的有。正是这数目庞大的付费使用QQ增值服务的QQ会员，"养"大了这只企鹅。腾讯公司数量巨大的增值服务收入，甚至其全部广告收入的基础，都建立在这些庞大数量的忠实用户之上。而在十多年的发展中，腾讯也总是利用一切机会强调它和用户的契合性，并试图拓展到更广阔的用户群体，保证QQ这个基础平台的稳固。在这个稳固的平台之上，腾讯开发的任何一款应用几乎都能成功地让用户买单——这个中国最大的互联网公司几乎成为一个"聚宝盆"，放进什么东西都能变身金灿灿的货币。

在中国的许多70后、80后、90后中，QQ号跟手机号、邮箱一样是自己联系方式中的重要一项。针对QQ用户的统计中，我们看到，10—19岁的青少年占了最多比例，其次是20—29岁的年轻人，而从学历分布看，也基本与年龄分布相符：高中学历人数最多，其次是本科及以上。

"年轻人的QQ"，为体现和保持QQ青春活力的形象，腾讯用各种企业、社会活动跟年轻人走近。2002年10月—12月，腾讯开始了"Q人类Q生活"的QQ之星的选拔，用比赛吸引用户进一步将QQ形象融入现代年轻人的生活当中。你可能有这样一个疑问：这些年轻人老了之后还会用QQ聊天吗？这个平台的黏性大吗？实际上，一个细节就可以回答这个问题：很多人的QQ头像图片或者QQ空间的照片，已经从他们的毕业照换成了结婚照，然后换成了孩子的满月照。对很多从20世纪90年代开始上网的年轻人来说，QQ的演变跟他们的青春回忆联系在一起，他们会把QQ一直保持。

多年来的经营，使得QQ成为在年轻人中普及最广的一个互联网应用。有了年轻人用户群体这片肥沃的土壤，任何植于其上的树苗都变成了摇钱树。诸如 QQ 农场、QQ 校友以及很多 QQ 游戏中的服务项目，腾讯都不是第一家，但是这种紧随其后的做法就足以让腾讯"做一个，活一个"。因为有数以亿计的用户数量和几千万人同时在线的强大的娱乐与沟通平台。**腾讯已经意识到，它培育的不是摇钱树，而是能种出摇钱树的土壤；不是聚宝盆里的金子，而是聚宝盆本身。**

总体来看，Google 构建了一个全球搜索平台，并在其上建立分隔清晰的、面向广告主的增值服务，以广告养搜索；而腾讯则是在合适的历史节点打造了一个全民即时通信平台，在这免费的基础平台上向部分用户提供增值服务，收取费用。这样，我们就发现了 Google 和腾讯，以及免费模式在结构上的共同点，那就是"基础平台＋增值服务"的模式，一种基础平台免费、增值服务收费的"免费"商业模式。

第三章　免费的内在结构：基础平台＋增值服务

免费增值平台的存在就好比北京王府井大街、上海南京路，它的意义在于可以在广大的用户群中形成一个得到承认的共享区域，之后，在这个平台上提供的增值服务就会因这个基础平台而显得更有价值，收费也变得容易起来。从这个意义上说，腾讯、盛大、巨人都是搭好了王府井大街，然后再开发能赚钱的店铺。

"腾讯太大了，太有钱了"，"现在的腾讯，已经不用费力钻研各种应用了，只要有好的应用出现，腾讯只要'抄袭'一下，做到中等水平就能稳赚了"。长大的腾讯公司经常承受上述的羡慕和嫉妒。确实，腾讯近3亿多用户的宝贵资源已经把腾讯这个平台变成一片肥沃的黑土地——种瓜得瓜，种豆得豆。

腾讯经济学

从内在结构上说，什么可以解释腾讯的成功？仅仅是口碑相传的网络效应吗？在分析很多互联网公司的产品销售和提供服务的时候，我们往往注意到它们同传统西方经济学中"边际报酬递减"的情况不符。与边际报酬递减相反，腾讯的用户数越多，被均摊的单位成本就越低，边际报酬在这里是递增而不是递减。不过，这种可以概括为"网络效应"的规律几乎可以适用于任何依赖用户规模达成企业成功的互联网公司，但却并不足以解释类似腾讯、盛大、巨人等的成功。

腾讯公司提供免费的 QQ 即时通信工具，而 QQ 秀等则作为增值服务收费，成为腾讯公司收入的重要部分；盛大网络推出"免费网游"概念，玩游戏免费，要想快速"升级"，则要付费购买游戏的"道具"；同样，巨人公司也在用"游戏免费、道具收费"的模式成功推出了主打游戏；而中国最大的电子商务公司阿里巴巴，也提供了一个对普通会员免费的外贸信息交易平台，而对可以享受"诚信通"、"中国供应商"等高级服务的会员收费。

所以，我们看出，"基础平台 + 增值服务"是它们共同的内在结构，这种把平台和服务区分的做法实际上也是免费模式的关键所在。

中国社会科学院信息化研究中心秘书长姜奇平曾经说道："马化腾以一人之力，发明一个玩意，创造一个行当，撑起一个产业，重写一个法则。"他解释到，这个法则就是：**以信息技术进步为内在动力，共享用户基础设施，以平台形式提供开放的基础服务，通过品种多样化的增值服务，获取递增的报酬。**

那么，作为腾讯公司免费模式的基础，这个拥有 4.9 亿活跃用户（截至 2009 年 11 月）的基础平台强大到什么程度呢？有这样一组数据如下。

截至 2009 年 2 月的数据显示，作为腾讯 QQ 的衍生服务和其增值服务的"基地"——QQ 空间（Qzone），注册开通 QQ 空间的人数，已经超过 2 亿。在自己的 QQ 空间里，QQ 好友会自动成为 QQ 空间的好友，可以在空间里写日志、上传照片、种花等。2009 年，腾讯甚至开通了 QQ 农场——QQ 空间实际上已经成为全球最大的 SNS 网站。

坐拥如此庞大用户群的平台，网络营销和社区化营销对腾讯来说都显得易如反掌。2008 年 3 月 31 日，在北京奥运会火炬传递开始之时，可口可乐公司也开展了与腾讯公司奥运营销的活动：火炬在线传递。庞大的在线活跃用户加之奥运会本身带来的全民奥运的氛围，使得火炬在线传递在第一天就突破了在线 700 万人，而截至 2008 年 8 月 8 日北京奥运会开幕，可口可乐公司宣布了一个极为吉利的中国数字：参与可口可乐火炬在线传递的 QQ 用户累计突破 8 888 888 人。与腾讯 QQ 的年轻用户相宜，可口可乐的品牌进行了一次成功的奥运营销。而做到这些，可口可乐没有耗费一块广告展板,也没有请一位国际巨星。依靠的仅是QQ这个强大平台的网络效应。

对于我们所讨论的成熟的平台企业,依托于此的广告收入往往成为它们主要的收入来源。而腾讯与此不同的是,近两年的公司财报显示,来自增值服务的收入,成为腾讯收入的引擎。正如我们前文所说,2009年11月11日公布的腾讯公司季度财报显示,在该季度的33.689亿元的总收入中,互联网增值服务收入为26.226亿元;同时,移动增值服务收入为4.462亿元。与发展迅猛的增值服务相比,广告收入并不是腾讯公司的主干:这一季度,网络广告收入为2.936亿元,同比增长17.9%,环比增长20.8%。

基础平台坚持不收费,增值服务坚持收费。区分了平台和服务的关系,成为腾讯成功的经济学。

那么,腾讯当初是如何走上"基础平台+增值服务"的免费模式之路的呢?很多读者可能自然想到要了解这种符合互联网精神的商业模式的最初契机。而正如很多历史事件的描述,实际的里程碑式节点往往充满了历史的偶然。

正如我们前文所述,成立之初,腾讯并没有从QQ软件上赢利。2000年,腾讯公司开始试水移动增值业务,也就是最早的移动QQ。这项互联网与电信行业的结合的应用为腾讯带来了收入,于是,QQ"活"了下来。以后的故事如我们所见,随着QQ用户数目的级数级增长、QQ平台的成熟,QQ俨然成为最早一代中国互联网网民的生活环境。于是,在QQ平台之上的各种增值服务的推出,就显得相对容易了。QQ平台的成长,得益于它推出的时间恰好与中国第一代互联网网民的成长时间契合,当这个平台伴随网民的成长而成为一种环境时,这个平台的成熟使得植于其上的增值服务成为腾讯赢利的动力所在。

现在,基础平台坚实的腾讯,即使在新兴的在线服务领域没有最领先的创新,也能在后续跟进中依靠广大忠实用户占领一个互联网阵地,这种"聚宝盆"特点往往是其他互联网公司艳羡而无法比拟的优势。在2009年第三季度的财报中,腾讯的网游收入引起人们关注:网络游戏的收入比上一季度增长23.2%,达到人民币15.287亿元。这意味着,尽管腾讯被定义为即时通信平台,而如果以收入计,腾讯已经是中国第一网游公司。

网游之外,在SNS社交网络、电子商务、在线支付等领域,腾讯的发展也非常敏捷、迅速。2009年10月，已经成功为人人网、开心网等推出开心农场游戏的上海公司"五分钟"与腾讯展开合作。现在，比起其他垂直、专业化的网站，在平台基础上的多样的增值服务使得腾讯公司的平台更像是互联网行业的沃尔玛。

在中国，还有两家网游公司也同样依靠免费模式取得了巨大成功。与腾讯平台自然的用户积累不同的是，网游公司的免费模式经历了从"收费"到"免费"的收入短暂下滑的阵痛，其整个转型过程更像是"断臂自救"式的变通。

免费网游的收费之道

如果说腾讯QQ的收费经过了一段培养用户的漫长时间，那么免费网游的收费则是一种急转弯似的转型，不过这种转型快速地证明了它的赢利能力。

2005年11月28日，中国最大的网络游戏公司盛大网络宣布，旗下的《热血传奇》将永久免费。而之前，盛大也已经将旗下游戏《冒险岛》、《泡泡堂》免费。12月初，《传奇世界》、《梦幻国度》几款主力游戏也宣布免费。

"免费网游"，这无疑给当时已经是热闹如诸侯混战的中国网游产业扔下了一个重磅炸弹。"今年网游业竞争格外激烈，好不容易熬到年底，没想到盛大免费了。我们的步调马上就乱了。"2005年底，在媒体的报道中，一位网游业从业人员这样叙述他的无奈。现在看来发展顺利的免费模式，当时的推出，无论对网游产业还是对盛大自己，都是个不小的挑战。

2005年，在中国，尽管已经有一些关于免费网游的尝试，但市面上的几款大型在线游戏，仍然以收费模式进行，即按时间计费的模式。网游行业的"暴利"已经让更多的人开始进入到这个行业，这意味着，之前由国外引进游戏，中国网游厂商代理再推向用户的模式有着极大风险：让单款游戏的成败决定公司财报的数据，无疑已经不是几个网游巨头思考的方向。同时，政府由于中国大量青少年沉迷于网络游戏而推出的"防沉迷系统"也让网游厂商的策略充满政策方面考虑的紧张和担忧。在盛大推出免费模式前两周，国内几大网游公司也相继发布了其2005年第三季度财报。来自网易、九城的财报数据显示，尽管九城凭借《魔兽世界》扭亏为盈，但由于分析师对当时"防沉迷系统"的担忧及对网游产业的偏高预期，盛大、网易、九城的股价无一例外地大幅下跌。

免费网游正是在这样的背景下开始被推广的。对盛大自身来说，它的主打游戏《传奇》的略显颓势也是其转向"免费"模式的最直接原因。据当时盛大官方的数据，《传奇》在2005年第三季度的平均在线人数为23.3万，营收为1.55亿元，有分析曾做过这样的推算："粗略推算，《传奇》每人每月贡献的营收在200元人民币左右。而盛大的玩家此前多用月卡，盛大月卡的售价是35元人民币，也就是说月卡收入已经不是盛大《传奇》收入的最主要部分，其他收入甚至是月卡的5倍以上。"按时间计费的收入，已经不是盛大网游收入的主体。

在2005年盛大推出免费网游之前，实际上，已经有一些小型网域公司开始了免费模式，对道具收费。2004年，腾讯公司的网游《凯旋》改为免费模式，在2005年底仍可以保持2万人在线的水平。

但是，作为排名第一的网游公司，从点卡计费的收费向免费模式转型，并不容易。2005年11月10日，盛大网络公布的第三季度财报显示，来自网络游戏《热血传奇》的营收为人民币1.546亿元。虽然比上一季度下滑33.5%，但仍然占盛大净营收人民币4.997亿元的约31%。同时，盛大第三季度来自包括《热血传奇》在内的MMORPG（Massive Muti-player Online Role Playing Game，多人在线角色扮演游戏）的营收为人民币3.315亿元，同比增长23.3%，在总营收中所占比例为66.3%，仍然是盛大公司的主要收入来源。

对盛大而言，从按时间计费的"收费"模式转型到"游戏免费、道具收费"的免费模式，意味着，"四五亿元马上打了水漂"。其实，在2005年，在《传奇》的"老家"韩国，已经有几款免费模式的网游面市。但在中国，还没有免费网游的成功样板，华尔街对"免费"的犹疑，马上反映为股价的一落千丈。

2001年，盛大网络代理韩国游戏《热血传奇》，当时，在可行的几个赢利模式中，"道具收费"也曾成为《热血传奇》可能的收费方式，但最终因为投资方不看好被否定。但是，"道具收费"即是后来的"免费模式"已经在网游收费模式的探索中萌芽。就在2003年，盛大网络推出《疯狂坦克》的休闲游戏，但是按时间计费的模式让这款本来已经初具一定玩家规模的游戏最终失败，对免费网游的尝试始终是网游产业的一个跃跃欲试的触发点。

在这种情况下，盛大推出了自己的免费网游。《泡泡堂》是盛大第一个采取免费模式的游戏，创造了70万人同时在线的纪录，营收情况非常成功。2005年11月，盛大宣布，旗下主打游戏《传奇》在线游戏将永久免费，具体来说，将对100组服务器的99组实行免费，第100组服务器仍然保持收费；用户的注册免费，而要获得诸如《闯天关》、《幻境》、《锻造》等特权，则要付费购买道具。宣布免费的同时，盛大的部分游戏双模式并存。

"大家要做好吃苦的准备，一年不行，我们两年三年再来，再不行，就做四年、五年，一直到转型成功。"在2005年底的管理层总结大会上，陈天桥对他的员工说道。

2007年8月28日，盛大公布了2007年第二季度财报：单季度收入超过5.6亿元人民币，利润4.16亿元，盛大的"免费"转型宣告成功——比之收费模式，免费模式让盛大在短期亏损之后马上达到了赢利的另一个高峰。"我们把用户需求和马斯洛需求对应，对于那些有生存和安全需要的人，我们免费；而对于其他三个层次的人，我们尽量满足他们的不同需求，让他们愿意付费。"当时任盛大CTO的谭群钊曾经如此解释盛大团队对用户需求的分析研究。这种对用户状态的把握是盛大敢于"冒险"的原因所在，也是"免费网游"模式可以成功的原因。

不过，在盛大看来，把收入来源的主要部分作为转型操作的试验田，并不仅仅迫于行业竞争的压力和主打游戏的"老化"。在《热血传奇》的巨大成功之后，网游行业的激烈竞争使处于行业第一的盛大不安。在盛大看来，依靠纯粹的研发、代理的单款游戏必定存在风险：网络游戏的寿命平均只有两到三年，单纯依靠研发根本赶不上市场淘汰网游的速度；而依靠代理，则使网游公司在主动权和赢利分成方面都不能大施拳脚。

实际上，互联网信息更迭的高速度，使得包括网游在内的文化娱乐形式淘汰速度都大大提升。依靠单款产品从研发到推出的漫长过程再也不能维持大公司的高效运作。不仅在单款游戏中采用"基础平台+增值服务"的双层经营模式，盛大已经开始将整个网络游戏分支做成一个平台：平台式开发和平台式运营。

2007年7月，盛大推出了被称为"三大计划"的网游平台战略：20计划、风云计划、18计划。其中，20计划提出了与其内部游戏团队利益分成的高比例：盛大与游戏团队的分成，最高可以达到20%，试图通过内部创业的形式吸引顶尖人才。风云计划则是对公司外部团队合作的激励：只要游戏作品的用户数、品质达到盛大的要求，盛大将投入1亿元合作开发运营。18计划中的18则是指，盛大将在每月的

18日,由公司高层与网游创业者交流,遴选、投资其中有价值的项目。

与腾讯相同的是,盛大也把"人"这个元素当做基础设施一样投资,试图让网游成为一种新型的社区。时任盛大网络总裁的唐骏在谈到2005年盛大的"免费"转型时认为,盛大的转型是一次主动转型,而不是被动转型。盛大看到了过去的商业模式的问题。游戏作为一种产品的短周期,使得盛大开始怀疑之前网游行业所惯用的商业模式,开始思考主动转型。而这种新的商业模式,需要它不依靠于高速地引进单款新游戏来实现发展,而更多地依赖于现有的用户群体。

"免费网游"成功,或者网游平台的成功,还不是这家网游公司的终极目标。盛大的规划是,从把一款游戏当做一个涵盖不同分类用户的平台,到把整个网游业务作为一个可以承载高速研发和代理的大平台,进而,将整个盛大网络集团打造成一个涵盖网游、娱乐、影视甚至媒体的、跨平台的"超级平台"。2009年,盛大在跨媒介方面的动作将这种"迪士尼式"娱乐王国的日程加快:11月,以4 400万美元的价格收购视频网站酷6网,并在之前达成了与湖南广电的合作,两者合资成立盛世影业公司——正如它的名字一样,盛大的平台已经铺设到互联网以外的整个娱乐世界。

阿里巴巴的"网商生态"

在几乎同时成立于中国商业互联网源头的三家企业中(腾讯和阿里巴巴成立于1998年,盛大成立于1999年),依靠"平台+服务"的战略几乎垄断了中国网民基本的互联网需求:腾讯以用户作为基础设施和核心资源构建了交流平台,并在其上抓住每一个新兴的互联网娱乐和服务机会,多元化迈进;盛大依靠单款游戏的巨大成功构建以多款游戏同时存在于其平台之上的策略,将网游打造成网游玩家的社区,并试图横跨视频、电视、影视等领域,打造中国的迪士尼。

相较于腾讯、盛大,阿里巴巴的商业模式很简单,它的主要收入来源就是会员费。大量的买家可以免费成为阿里巴巴会员,卖家也可以免费发布产品信息,而如果想知道买家信息,则需要具有付费会员的"身份"。目前,阿里巴巴面向会员的付费服务主要有"中国供应商"和"诚信通"两种。其中,"中国供应商"服务主要面对出口型的企业,依托网上贸易社区,向国际上通过电子商务进行采购的客商推荐中国的出口供应商，从而帮助出口供应商获得国际订单。其服务包括独立的"中国供应商"账号和密码，并建立了英文网址，让全球220个国家逾42万家专业买家在线浏览企业。目前，中国供应商的会员费起价为5万元/年。2008年11月，为应对金融危机和缓解来自竞争对手的压力，阿里巴巴推出了"出口通"，价格为19 800元。

"诚信通"，则主要针对的是国内贸易，主要功能是通过向注册会员出示第三方对其的评估，以及在阿里巴巴的交易诚信记录，依托阿里巴巴平台，帮助会员获得采购方的信任。诚信通的会员费比出口型服务便宜得多，为2 300元/年。

付费用户的会费是阿里巴巴收入的主要来源。2009年11月10日，阿里巴巴发布的2009年第三季度财报显示，阿里巴巴会员数已经达到4 527.55万，同比增长27%。其中，中国交易市场用户为3 579.5万，国际交易市场用户为1 048.04万。付费用户达到了57.89万。[1]

可以看出，尽管付费用户贡献了阿里巴巴的主要收入，而免费会员的存在则是阿里巴巴之所以称之为一个平台的根本——那些付费的卖家正是因为平台上的免费的买家而来。

在这个B2B平台上，平台的两边，尤其是卖家一边的需求弹性是比较低的，对很多企业来说，电子商务的花费是它们投资的一部分，因此B2B平台可以依靠这种买家和卖家之间稳定的"交叉补贴"维持平台的运营和赢利。那么，对于两边需求弹性都比较大的平台，如何实现收费呢？

阿里巴巴集团旗下的淘宝网就属于此类情况。很多人比喻，比之一个日臻壮大的阿里巴巴集团，淘宝网就像一个仍是在吃奶的孩子，需要集团"母亲"的"喂养"：成立之初，淘宝网正是依靠免费战略，打败了当初在中国电子商务领域生机勃勃的eBay，并至今仍然保持免费。对于淘宝网上大量小商品经营的个体卖家，收费很可能让它们望而却步。不过，淘宝网的规模增长可以为未来的收费的"增值服务"的开发奠定基础：2009年，淘宝网已经成为年交易额过千亿的电子商务网站，成为中国互联网上最大的卖场。而目前淘宝网推出的各种收费的、面向卖家的各种推广活动、淘宝商城里企业型卖家的入驻，都为淘宝的收费提供了新的可能。

同腾讯、盛大都不相同的是，阿里巴巴是同现实世界紧密联系的企业，电子商务的发展极大地刺激了相关产业的发展，作为中国最大的电子商务公司，阿里巴巴的代表意义并不仅仅在于电子商务的高额交易量，而在于由此带动的物流等相关产业的发展、GDP 的增长和就业量的增加等。

从一个企业到一个体系，阿里巴巴对互联网经济生活的最大贡献在于，它把"基础平台"深化了，围绕 B2B、B2C、C2C 平台，构建了一个电子商务的网商生态系统。在中国，4 000 多万中小企业的存在使阿里巴巴得到高速成长。

2009 年 6 月，中央电视台第 2 套节目《经济半小时》播出了一期《破解中小企业融资难》的节目，报道中提到了浙江地区部分中小企业的"网络联保"方式。这种方式，正是阿里巴巴塑造网商"生态链"的尝试。

"网络联保"是一款面向中小企业的贷款方式。对中小企业贷款高风险的问题给予了一种阿里巴巴式的浙商解决方式：网络联保贷款不需要任何抵押，由 3 家或 3 家以上企业组成一个联合体，共同向银行申请贷款，同时企业之间实现风险共担。当联合体中有任意一家企业无法归还贷款时，联合体其他企业需要共同替他偿还借款人的所有贷款本息。

2009 年 8 月 3 日，阿里巴巴联合中国投资担保有限公司、建设银行上海分行签订《网络银行业务合作协议》。三家公司各出资 2 000 万元共同组建风险池，对网络银行业务项下的信贷业务进行风险补偿。首次将阿里巴巴推行的"B2B2B"模式（商户之间的信用约束机制）由贸易行为推向了贷款市场，而其依靠的正是阿里巴巴平台所能构建的一个信用体系。这为中小企业的贷款提供了一种新的思路，而这并不是阿里巴巴的慈善之举，从每一单具体的生意到电子商务平台，再到这个平台所涉及的中小企业的生存状况，阿里巴巴超越了平台，提供了一个平台之外的、更大的生态系统的范例。

第二部分 免费的理论解释

免费为什么可以成为一种稳定的商业模式？有哪些理论足以支撑这个庞大市场的经济学解释？与传统经济相比，免费经济又有哪些怪现象？

从理论上来说，双边市场可以说是免费经济的理论基础，"基础平台＋增值服务"可以看做免费的结构特点，集中和分散相结合的"众包"方式可以看做是免费的组织形式，而注意力则看做是免费时代代替货币的通货。而人们因由免费而获得的快乐则可看做是这所有一切的基础。

第四章　免费的结构：双边市场

> 在结构上，免费模式的本质就是双边市场。
> 正是双边市场的规律决定了免费模式的特点。

腾讯的客户是谁？当然是几亿的 QQ 用户。不过同时，那些出现在 QQ 聊天工具上、腾讯网网页上的广告主也是它的客户。Google 的客户是谁？当然是全球的 Google 引擎使用者。同时，Google Adwords 的广告主也是它们的客户。中国移动的客户是谁？是中国4亿多的移动用户。同时，那些服务提供商（SP）也是它的客户。

观察实行"免费"模式的企业会发现，与传统市场经济下"企业—零售—客户"的纵向关系不同，企业和客户的关系不只是简单的买卖关系，而是从"单边"发展到了"双边"。免费的结构，正是一个双边市场模型。正是双边市场的规律决定了免费模式的特点。

免费的本质就是双边市场

双边市场，顾名思义，是与传统市场经济下市场相对而言。从定义来讲，双边市场是指需要面对两个或多个之间具有网络外部性的消费者群体的市场，双边市场中的企业即平台企业，也是一种市场中介。它具有这样几个特点：一是存在一个具有中介作用的平台，把市场的两个边联系在一起；二是平台具有向两个平台定价，即收费的权利；三是平台上的交易量与平台的定价结构有关，即不同的定价结构可能会导致不同的交易量。我们所看到的实行免费模式的平台企业恰是满足以上三个条件的厂商（该定义由 Rochet 和 Tirole 提出，但是该定义主要考虑了平台收取交易费的情况，对于平台收取注册费，如电子商务平台，或者两步收费制，如微软等软件公司推出不同版本的软件，对这些情况，该定义没有给出相关的阐述）。[1]

双边市场为什么会出现呢？或者换句话说，我们在互联网生活中所依赖的各种平台式企业出现的背景是什么呢？

现在，我们将免费模式中提供基础平台的企业统称为平台企业，而从它们的功能上考量，其性质与"中介"的内涵极为契合，尽管随着它们的发展壮大，平台企业的功能越来越丰富，不过"中介"的定位和功能仍然是它们最具商业价值的核心所在：对 Google 和腾讯来说，它们是用户和寻找这些用户的广告主之间的"中介"，同时对已经转变为增值服务为主的腾讯来说，它也是软件开发商和用户之间的"中介"；对阿里巴巴来说，它是卖家和买家获得对方信息的"中介"，对电信运营商来说，在 SP 和手机用户中间，也起到了"中介"的作用。

"中介"企业存在的必要，被认为是对科斯定理失败的证明。科斯定理是这样阐释的："如果产权是清晰界定的并且是可以交易的，没有交易费用和信息不对称，无论外部性存在与否，双方协调的结果都将实现帕累托最优。"**然而实际上，这种交易的"摩擦力"是普遍存在的。当减少这种"摩擦力"、降低交易成本的"中介"企业的出现就证明了它们自身存在的必要性**。以阿里巴巴电子商务平台为例，如果没有这个平台，市场交易的卖方和买方也可以通过种种途径找到对方，只是需要花费的成本要高得多。

在"前互联网时代"的很长一段时间内，也有"中介"性质的企业出现，婚介所、外贸公司、房产中介公司等，都属于"中介"。那么，我们所讨论的互联网时代的平台企业比之以往的具有"中介"功能的企业有什么不同呢？那就是，互联网技术的演进使得平台企业可以更广范围、更大限度地发挥这种"平台作用"，当这种范围和深度的量变到达一个数量级时，"中介"的"质变"就来了——成为了平台。

相对于研究单边市场，对双边市场的分析和研究比较复杂：这时候，企业和用户的关系从单一的"企业—用户"的销售关系变成了"客户群1—平台企业—客户群2"的双边结构,而企业对产品和服务的定价、企业的成本核算,也因此完全改变。

免费是掠夺性定价吗?

对双边市场中的平台企业,定价问题是核心问题。为什么双边市场中可以存在"不对称定价"的现象?为什么在双边中的一边,用户可以以极低的价格甚至免费来享受某种服务,而由另一边的用户进行"交叉补贴"?作为这种模式的核心和枢纽,平台企业又是怎么实现平台的运营和赢利的呢?

"免费是真正的免费吗?可能只是为了引诱你付费"以及"免费时间也就是一段很短的时间,期间提供的产品还很有可能是质量低劣的产品",这大概是人们经常对"免费"心存质疑的原因。

说起市场行为中的"免费",我们最容易联想的就是一种传统经济学范畴下的短期行为:有些已经存在于某个市场中的企业可以称为"在位企业",为了将新进入市场的对手(可以称为"新进企业")挤出市场,往往采用降价的方式,用短期减少赢利甚至亏损的手段达到赶走竞争对手的目的。而当目的达成之后,往往采取制定高价的方式挽回之前的损失。这种免费,即是掠夺性定价。

作为短期竞争手段的"免费"与作为一种稳定的商业模式的"免费"截然不同。人们对平台企业定价问题的误区,问题的焦点就在于平台定价与其成本的关系,以及不对称定价所带来的交叉补贴的争议上。我们这里所说的免费,不是一种掠夺性定价。

实际上,产生这些问题的根源在于,人们始终习惯以单边市场的视角审视双边市场的价格和成本问题。在双边市场中,平台企业的定价和成本都分成了两个部分:面向两个边的价格和成本,孤立地考量单边的定价和成本就容易对双边市场产生误解。

双边市场的定价特点

双边市场中的平台企业,具有很多单边市场中企业不具备的特点。

首先，定价分离了，出现了倾斜，甚至出现了"免费"。于是，这样一个现象出现了：在双边市场中，面向一边的价格可以低于边际成本，甚至免费——价格为零。

实际上，价格的倾斜性是双边市场定价的特点之一，而免费，即一边的定价为零，只是双边市场中的一种特殊情况，当然，是一种重要的特殊情况。**在传统经济的环境下，我们看到，即使是婚介所、房产中介，面向供需的两边，它们的定价仍然是有差异的、倾斜的。这点并不特别。对于免费，它特别的是，数字传播的零成本使得价格可以为零，且可以长期持续：技术条件使得在双边市场情况下已经可以实现的"愿景"变为可持续发展的商业模式。**

每当我们新输入一个搜索词汇，这个新增的搜索行为除了增加了 Google 服务器的运行次数、增加了大气层中极少量的二氧化碳排放之外，没有造成 Google 其他的成本支出。同样，每一首 MP3 歌曲的拷贝、电影的拷贝、电子书籍的传播，也没有造成提供这些服务的企业的任何可以计算的支出——比起维持这样一个平台所需要的投入，这些新增的服务需求的边际成本则可以忽略不计。当这种已经是微小数额的成本被数量巨大的用户平摊，成本即可以认为是零，所以，相应地，这一边用户的定价就为零。

当然，一边用户享受价格为零的条件就是，另一边用户必须为此支付费用。因为总得有一方为平台企业的运转提供资金来源。如前所述，在腾讯公司的案例中，我们看到，是广告主和一部分付费用户共同"补贴"了免费用户，这时候，我们可以把全部的付费者看做是参与"补贴"的一边。提供"补贴"的一方同样获得价值：它们有的通过腾讯平台投放广告吸引另一边它们的潜在用户；有的，比如那些付费用户则可以在朋友中获得羡慕的心理感受——这里，平台企业的枢纽作用凸显出来，广告主正是因为平台的聚集效应而选择广告投放，免费用户则因为平台的使用价值和"免费"价格的吸引力而选择使用平台。

那么，是什么决定该由双边中的哪一边来支付费用，或者支付具有"倾斜性"的费用呢？**我们观察的结果是，具有更强需求的一方支撑了双边市场的"不对称"费用。**

在搜索引擎的例子中，广告主和使用搜索引擎的用户比较：对用户来说，搜索引擎是重要的，但是广告是不必要的；而对广告主来说，使用搜索引擎的用户是重要的,那是它们广告投放的目标所在。搜索用户对这个平台没有利益诉求,而广告主则希望找到潜在客户。同样,在免费网游的例子中,游戏免费、道具收费也是如此。那些花费更多金钱购买道具的玩家,往往是对游戏的过程和结果有更强需求的人:他们或者是希望得到胜利的满足感,或者是有更强的对游戏快感的需求。

在一个平台企业的成本核算中,基础平台和增值服务无疑都需要企业大量投入。不过,这其中体现的一个特点是,在两个边中,尽管基础平台的一边只为平台企业创造极少的收入甚至没有创造收入,对基础平台的搭建和投入却是成本中最大的一部分,也是企业建设中最早实施的一部分——平台本身的优劣乃是双边市场中企业竞争力的关键。

2009年7月的一组数据表明,在全球网民的1 136.9亿次搜索中,Google 承担了其中的768.8亿次搜索。而应对如此数量的搜索请求,Google 平台的质量是关键。尽管一直在外界的描述中扑朔迷离,很多分析认为,Google 的服务器数量在45万台之上,而相应的数据中心也是遍布全球,其硬件设施的部署据说可以支撑到2020年的搜索需求。

中国最大的互联网公司腾讯也是如此。尽管依托于聊天工具 QQ 平台之上的付费服务越来越丰富,QQ 本身仍然是腾讯公司的主要投入点:每年,QQ 软件都会作出更新,在一些细节方面改善用户体验。

那么,双边市场中平台企业收费的方式可以有哪几种?在现有的平台企业案例中,收取注册费、交易费成为比较具有代表性的两种。

交易费是最常见的平台的付费方式。这些多见于偏向产品的"快应用"类型。例如,在免费网游中"道具"的购买和 QQ 空间(Qzone)里 QQ 币的购买。这些游戏工具或者虚拟货币,大多单价都不贵,但当这个数量乘以几百万甚至几亿时,收入就变得非常可观了。因此,对这类平台企业来说,开发"短平快"的应用、利用微支付、保持产品的连续性和连贯性,是它们的主要策略:在不知不觉中促进用户的消费。同时,从游戏或者虚拟世界的设计来看,具有"成瘾"特点的连贯性也是促进用户消费的利器。以网游为例,你会发现,尽管游戏免费,但是那些道具总是被安排在"讨厌"的关键之处:不买道具,你就基本不能过关,玩游戏的快感就感受不到了。而对 QQ 空间、网页游戏来说,一种"因为找一个能配上茶几的沙发而把家装修一遍"的心理被厂商摸得很透彻:卖完了 QQ 秀里的衣服,你总想再添置个挎包,衣服齐备了,开始考虑是不是要养一条小狗;在一个叫做"开心农场"的简单游戏里,有不断升级的高级蔬菜,有让你可以扩充的耕地面积,这种逐步诱惑式的营销策略,会让用户给这些平台企业源源不断并且心甘情愿地贡献收入。

而电子商务平台为代表的双边市场,实行的是另一种收费方式:注册费方式。以阿里巴巴的"诚信通"服务为例,缴纳一定数额的会员费之后,可享受的服务更像是一个"打包"好的服务集,比如"查看买家信息"、"排名优先"、"网商培训"等,而从时间范围上来说,这种服务是"包年"服务,在其他一些电子商务网站,也有面向连续购买两年或者三年服务的优惠。这些被"打包"的收费方式就是属于"注册费"的性质。与按次计算的交易费相比,实行注册费方式的企业提供的多是服务,而不是产品。而一种打包服务中所涵盖的内容,单项计费往往显得困难,而当这些被"打包"的服务之间有比较强的关联时,缴纳"注册费",然后不限次数和方式使用,就变得方便起来。

这两种付费方式相比较,各有其促进支付额的特点:交易费由于按次数或者产品数量收费,一般单次的交易额较小,容易形成微支付的模式从而促进用户消费,对大数量用户基础的平台更适用。而注册费的收费方式则保证了平台企业稳定的现金流,避免了坏账的出现。

网络外部性的扩展

在网络经济中,我们经常可以体察到"网络外部性"的效用:一个网站会因为使用的人数多而变得更加受欢迎,一项应用也会因为最初表现不佳而迅速遭到用户抛弃。

具体来说,网络外部性是指:当且仅当任一消费者消费该商品所产生的效用随着该商品的消费人数的增加而增加的特性。通俗的理解就是,每个用户从使用某产品中得到的效用,与用户的总数量有关。用户人数越多,每个用户得到的效用就越高,网络中每个人的价值与网络中其他人的数量成正比。这也就意味着网络用户数量的增长,将会带动用户总所得效用的级数级增长。平台使网络外部性得到扩展——效应的传播速度更快、范围更广。这也就不难理解,在一个聚集的平台出现"一帖成名"的想象了。

双边市场与单边市场的不同之处在于，除了在每一个边上体现出来的网络外部性之外，在两个边之间，表现出了组间外部性：如果平台在一边不能吸引消费者，即使在另外一边免费或者补贴，也不能吸引另一边的消费者到平台上注册交易。[2] 以招聘网站为例，如果招聘网站不能吸引作为广告商的潜在员工以及潜在消费者的投简历者，那么也将不能吸引广告商。

这给平台企业的启示就在于，保持平台对两边，尤其是"免费"一边的价值，是平台成功的关键。从这个角度来说，为广大用户提供了免费的优质服务的平台也许不一定有明媚的商业前景，但是如果不重视免费一边的消费体验而单纯追求付费一边的利益，这个平台一定会被淘汰，而理论依据，正是这种组间外部性对两边企业和用户的影响。

双边市场里的纵向一体化

双边市场中，平台为了满足两边用户的需求，会向两边的用户提供不同的服务。而当这种服务丰富并且具有整体性时，就会让我们联系到另一个现象：纵向一体化。

单边市场中，"纵向一体化"是常见的企业行为：将业务和产品上互补的公司收购或者合并，从而具有更强的竞争力。这使得单边市场中的公司减少了企业间的交易成本，并且拥有了更大的价格控制权。在双边市场中，纵向一体化的行为也出现在平台企业身上，而它所代表的意义出现了一些微妙的变化。

20世纪90年代，互联网发展刚刚起步，对很多人来说，Windows是新的，浏览器也是新的。微软公司将IE浏览器捆绑在Windows操作中销售（即每个Windows操作系统中已经预装了IE浏览器），这让很多人在很长一段时间内都认为浏览器就是IE。直到近两年，以Firefox、Oprea等为代表的"其他"浏览器才逐渐为人们熟知，并在市场份额上赶上并超过IE：2009年12月的数据显示，Firefox3.5浏览器以21.92%的全球市场份额超过IE7，成为全球第一大浏览器。

实际上，对于双边市场中的平台企业来说，纵向一体化，不仅意味着可能造成的垄断和行业停滞，更多的，和平台的一个边建立的纵向联盟关系才是这里"纵向一体化"的要义，因为平台的广布，发动联盟也是平台企业扩大影响力的主要手段。

Google AdSense 即是面向网站站长的一个广告大联盟。AdSense for content 会自动检索目标网页的内容，然后推广与目标对象和网站内容相关的广告，AdSense for search 则让网站发布者为访客提供 Google 网页和网站搜寻功能，并借由在搜寻结果网页推送 Google 广告来获取收益。

从单边市场到双边市场，免费模式为双边市场提供了一个特殊而巨大的案例合集。它扩充了我们对市场经济的认识，让我们以一种新的视角来观察市场中各方的活动，观察免费模式中资金的流向，也从本质上更加了解免费模式本身。

第五章 告别货币：注意力经济来了

如果问免费带给我们什么改变，我要告诉你的是，它带来的不仅是你可以下载 MP3 而不必花钱购买 CD、可以在电脑上看免费电影而不必去影院买票、可以下载免费的电子书而不必买纸质书，而是我们进入了一个注意力时代。

如果我们尽可能开阔地畅想一个理想的免费世界，首先，你应该感到兴奋，你看到，操作系统免费了——Windows 系统免费了，Linux 也是（当然，个人消费级的 Linux 本来也是免费的）；电影免费了，不管是几个大学毕业生的小成本毕业设计还是张艺谋、李安的大片；书也免费了，包括张爱玲的《小团圆》和安妮宝贝的《告别薇安》，包括司马迁的《史记》和当年明月的《明朝那些事儿》，包括《论语》和《于丹〈论语〉心得》……然后，你可能开始困惑：信息丰富而致的过量总能导致选择的困惑，而当它们失去价格的标签，即使在喜好不变的情况下，你也将会变得更加难以选择。

在货币不起作用的地方，什么可以部分地取代货币作为衡量标准？注意力是显然的答案。

不过，注意力在消费过程中所起到的辅助性作用并不新鲜。即使是在互联网并未进入我们生活的年代，注意力对消费的引导作用也是显著的：门前停车多、等待人数多的饭店，往往会让你觉得这家店人气旺，于是你也加入了排队等号的序列，推波助澜；脑白金的地毯式轰炸营销你可能不喜欢，但是你无法躲避那个"卡通老两口"跳舞的广告，直到有一天，你也开始买保健品，想到的第一个品牌居然是脑白金。至于那些被公认为夸张而聒噪的电视购物广告，不得不说，尽管你不喜欢，但很可能对广告词烂熟于心。

可以说，本质上，注意力是广告的根本，是引导你走向实际消费的第一步。不过，在"前免费"时代，这只是第一步，在多数情况下，价格是你缩小选择范围的根本因素。而在网络时代，尤其是当大量基础服务都免费的互联网时代，注意力的作用发生了本质性的变化：一是由于免费成为一种现实或者大势所趋，当价格高低已经不再成为一种商品的竞争力，注意力替代货币成了商品和服务的竞争力；二是在传播极为迅速、"羊群效应"（即从众效应，是指人们经常受到多数人影响而跟从大众的思想或行为）极为突出的网络时代，注意力的扩散达到了一种级数级的可怕效应。

"贾君鹏"赚了六位数

2009年7月16日，一条只有标题的空壳帖子火了：短短五六个小时之内，这条只有"贾君鹏你妈妈喊你回家吃饭"几个字标题的帖子在百度"魔兽世界"贴吧（WOW吧），被390 617名网友浏览，引来超过1.7万条回复。截至7月18日上午，该帖浏览次数已超过800万，回帖次数已超过30万。在此后的一段时间，"你妈妈喊你回家吃饭"成为中国互联网上超级流行的网络语。在一些新闻事件的评论中，很多作者也用"×××，你妈妈喊你回家吃饭"来开启一段辣评。在很多中文BBS和论坛上，甚至出现了专门为"贾君鹏"制作的视频和连载小说。

很多人认为，在如此短时间内达到如此高的点击和回复率，"贾君鹏"事件简直成为中国网民娱乐精神的象征，而其流行的程度也成为2009年的一个网络奇迹。不过，来自另一个版本的描述似乎更加合理地解释了这种迅速流行的"无聊"。

当"贾君鹏"事件开始蹿红网络，一位声称自己是该内幕后推手的人，北京一家传媒公司的CEO，在博客中自曝自己是"贾君鹏之父"。据这位"贾君鹏之父"描述，是他们公司制造了"贾君鹏"，目的是帮助一款游戏保持关注度和人气。而当时，确实正处于中国最受欢迎的网络游戏之一《魔兽世界》停止服务器的期间。为保持游戏玩家对《魔兽世界》的持续关注，"贾君鹏"团队策划了这个可以给所有等待《魔兽世界》重新开服的玩家驱赶寂寞，也可以让其他非游戏网友引起关注的"无聊事件"。而之所以能达到高回复率和关注度，是因为在事件开始，策划团队"总计动用了网络营销从业人员800余人，注册ID2万余，回复10万余"。

一个是"贾君鹏"，一个如此真实普通的名字，一个是"你妈妈喊你回家吃饭"，一个如此生活化而温馨的事件，这两者的奇妙组合让在其幕后团队操作下的流行变得莫名其妙而淳朴自然。

7月以后，"贾君鹏"成了2009年下半年一个绝对流行的词：在很多论坛网友的辩论里，讽刺语录里又加上了这样一条："×××，你妈妈喊你回家吃饭！"很多广告也改成了非常"in"的"贾君鹏"版：SNS网站人人网的"开心农场"，就曾出现这样的广告语："你妈妈喊你回家种菜！"而在赶集网等一些同城信息网站上，也出现了诸如"2 500元/每月，你妈妈喊你来这儿租房！"的标题。如果想例证什么是突如其来的流行，我想，"贾君鹏"式的"无聊"应该可以成为一个合适的例子。

谈起在网络上因网友注意力的高度集中而"火"的人或事，"贾君鹏"之前早有许多。早些年的芙蓉姐姐、木子美、胡戈，这些因某个事件而走红互联网的网络名人，他们的"红"虽然比起现实世界的成名过程更短、更具戏剧性，但基本上，他们还是有这样一个共同点：来自网络的注意力只是他们有意或无意的个人营销的手段，还不是营销的本身。"贾君鹏"事件的不同之处在于，整个营销事件的根本就在于网友对某款游戏的注意力，同时，一个"无聊事件"成就了一个"无聊经济"："贾君鹏"事件的创意让策划团队赚了"6位数"。**与那些"红"而不"赚"的网络名人相比，"贾君鹏"事件让我们第一次看到了一种直接、有力、有效的注意力交易。**

注意力经济

人们经常将无关乎经济大动脉的"小"经济领域的非理性忽略不计，但是当互联网形成一个具有一定规模的产业，这种理性和非理性就变得非常可观了。而这种非理性的表现形式之一就是注意力。

"在一个信息丰富的世界，信息供给的丰富意味着其他东西的缺乏——**信息消费的不足。显然，信息消费的对象是其接收者的注意力。**"1971年，诺贝尔经济学奖获得者赫伯特·西蒙在互联网时代之前提前预见到了互联网时代的注意力短缺。[1]

　　"注意力经济"作为一个学术观点，最早见于美国加州大学学者理查德·A. 莱汉姆在1994年发表的一篇题为"注意力的经济学"的文章。而最早正式提出"注意力经济"这一概念的，则是美国的迈克尔·戈德海伯。1997年，迈克尔发表了一篇题为"注意力购买者"的文章。他在这篇文章中指出，目前有关信息经济的提法是不妥当的，因为按照经济学的理论，其研究的主要课题应该是如何利用稀缺资源。对于信息社会中的稀缺资源，他认为，当今社会是一个信息极大丰富甚至泛滥的社会，而互联网的出现，加快了这一进程，信息非但不是稀缺资源，相反是过剩的。而相对于过剩的信息，只有一种资源是稀缺的，那就是人们的注意力。著名的诺贝尔奖获得者赫伯特·西蒙在对当今经济发展趋势进行预测时也指出："随着信息的发展，有价值的不是信息，而是注意力。"这种观点被IT业和管理界形象地描述为"注意力经济"。

　　所谓注意力，从心理学上看，就是指人们关注一个主题、一个事件、一种行为和多种信息的持久程度。在现实生活中，是一个再普通不过的心理状态。

　　注意力难以保持长久，但在网络环境中，在这样一个具有同步、共享特点的场景下，注意力的聚集往往形成商业价值。这个时候，在经济上，注意力往往会成为一种经济资源，由这种注意力所形成的经济模式，就是注意力经济。从互联网的注意力营销来看，注意力经济是指最大限度地吸引用户或消费者的注意力，通过培养潜在的消费群体，以期获得最大的未来商业利益的经济模式。

　　而注意力之所以可以在互联网环境下产生商业价值，除了网络特点带给它的高度集中的机会，还在于它在现代社会注意力的稀缺性。正如迈克尔·戈德海伯当年所指出的一样，当人们可以随时随地的、更加容易地获得信息，注意力就成了稀缺资源。在Web 1.0时代还能以内容提供商为主的市场，顷刻就变成了Web 2.0时代用户为主导的买方市场。而这个阶段，在有关注意力的所有经济活动中，最重要的资源既不是传统意义上的货币资本，也不是信息本身，而是大众的注意力——只有大众对某种产品注意了，才有可能成为消费者，购买这种产品，而要吸引大众的注意力，重要的手段之一，就是视觉上的争夺，也正由此，注意力经济也被通俗地称为"眼球经济"。

从知识经济到信息经济再到注意力经济，我们看出，这三者的关系密切。不过，这三者之间又在本质属性上截然不同：**信息经济着重描述的是一种新型的社会形态——信息社会；知识经济则从生产要素的角度来界定社会经济发展的阶段；而注意力经济所侧重的是一种新型的商业模式。**

这种商业模式的实践方式看上去十分简单：除了广告，以下几个词变得非常重要："最"、"史上最……"、"排名"、"盘点"、"关注度"等吸引眼球的词汇。与之相应，流量、点击率是衡量一个网站优劣的评价标准之一，而直到现在仍然流行的"标题党"，也是注意力经济的产物。而互联网广告的基本运作形式"按点击付费"，实际上也是在"按注意力付费"。如果说网络是一个模糊不清、没有头绪的平面，那么，注意力则是一种能让网络连接、有意义的节点。

其实，即使在现实生活中，这种节点也是称其为事件的根本要素，从"街谈巷议"到"聚众围观"，从"见诸报端"到"轰动全国"，等等，这些词都说明了注意力本身的价值，而各种广告、稀奇古怪但让人印象深刻的营销手段，更是注意力商业价值的实现过程。那么，从网下到网上，注意力发生了什么角色变换？可以确定的是，如果说在以前，注意力是将用户从纷繁的平面聚集到一点的一种渠道，最终要实现的仍然是"内容"的价值，那么现在的价值焦点则转向了注意力本身。

不过，如同价格不能成为商品的唯一衡量标准一样，在免费时代，注意力的多少、集中与否同样也不是事物价值的唯一衡量标准。在现实世界，有时候，奢侈品的意义仅在于贵，而在注意力时代，有时候，热点事件的意义也仅仅在于吸引眼球而已。

从内容到注意力

2010年1月，市场研究公司 Outsell 发布了这样一组数据：**最新报告显示，在美国，44% 的谷歌资讯（Google News）用户只浏览新闻标题，而不会点击查看原文。**

回忆一下你在网上浏览网页的经历，是不是经常发生这样的情况：很多时候，你看某篇文章或者某个帖子，仅仅是因为标题吸引你，而点进去之后发现，原来文章内容干瘪无味，甚至离题万里，标题只是哗众取宠。比起那些制作精良的电影电视剧，很多时候，是不是你更想看一部烂片？倒不是因为你真的想看这部电影，而是因为你更想看看它到底有多"烂"。而这些东西吸引你，并不是因为它们本身出众（或者说，它们的内容并不出众），而是你对它们或它们代表的东西感兴趣——不在于内容，而在于在正确的时间、正确的地点吸引了你的注意力。

我们不再阅读，只是浏览；我们不再欣赏，只是好奇地观看。我们只能给一则新闻几分钟的关注，只能给一个网页几秒钟的等待：比起之前的任何一个时代，我们都更加不耐烦了。

这种趋势改变了人们接受事物的方式，同时，也改变了信息提供者、编辑者的呈现方式：与以往倾向深入报道、立意深刻的报道相比，以热点事件、热点人物、热辣评语取胜的"标题党"越来越多；与20世纪末报纸行业、杂志行业还能用几块钱买读者几十分钟的注意力不同，现在，也许一份杂志或者报纸在手上停留的时间不超过10分钟，而这其中的相当部分时间，还十分尴尬地被那些充斥美女帅哥图片的铜版纸抢走。

注意力的稀缺和注意力的短暂让这些内容提供者灰头土脸：《纽约时报》追不上雅虎，雅虎追不上Google，而Google追不上Twitter。

当"百度热门关键词"可以代替一部分新浪首页新闻、当Twitter可以代替一部分Google更能反映这个世界的运转时，你应该意识到，注意力时代来了。

注意力时代的代言人之一，即是搜索引擎。这也很好从Google本身的运作原理来理解：被人们引用和查询次数多的，就是最受人关注的、最有价值的链接，链接的被注意程度反映了网站的价值。于是，在Google成功地从技术应用转为"免费"的商业应用之后，互联网的核心开始从内容向注意力转移。

当然，这种转移引起了内容提供商的恐慌：近3年来，关于传媒巨头罗伯特·默多克和其新闻集团的所有言论几乎都是围绕这样一个主题：向Google宣战，向互联网宣战。同时，传统出版行业也针对版权问题向Google等搜索引擎展开攻势，可是却难以抵挡从内容向注意力的蓬勃转移：比起传统媒体自上而下、娓娓道来的深入分析和评论，人们似乎更想直达自己注意力最想去的地方。

这让很多新兴的媒体形式变得有趣起来。比如说博客，比如说微博。

"忽然地，就觉得累了，看了两个小时剪接中的片子（崩溃中）、参加了公司小朋友的生日活动之后，累得不想说话，不想睡觉，不想动脑。"这是徐静蕾在2009年9月的一篇题为《终于，累了》的博客的开头。从2005年徐静蕾开博以来，这样"流水账"感觉的博文不在少数，而奇怪的是，徐静蕾的博客仍然具有超高人气。也许是很多网友怀念当年她人淡如菊的荧屏形象，或者是被如此真实普通的明星生活所吸引，徐静蕾的博客点击量一路破百万、破千万、过亿，直至现在的超过2.9亿——这个时候，徐静蕾写什么已经不重要，重要的反而仅是，她在写，或者说，在写的是她。**内容已经被注意力覆盖。**

2009年，Twitter成为最热门搜索词汇之一。及时传递和分享世界各地的第一手信息让很多极客开始觉得Twitter很酷。其实，比起博客或者SNS网站（社交网站），Twitter的表现空间很小：每次只能发送140个字。但是比起那些长篇累牍而你只赐予了30秒注意力的博文来说，短、精练、实时，正是Twitter的优势所在。那一句一句短短的微博，正是一个个被激发的注意力节点。

不过，从报纸到门户网站，到搜索引擎，再到微博，尽管我们强调从内容到注意力的无限转移，但需要说明的是：**即使是在这种看似"眼球"决定一切的速食时代，注意力从来也没有失掉作为内核的内容。因为，从注意力到注意力的价值，还有一段"有效注意力"的路要走。**

有效注意力

我们来看这样一组数字：1997年11月，在中国互联网商用之始，只有62万网民；而截至2009年12月的数据，中国网民数量已经突破3.84亿[2]。在20世纪末，一个每天100万PV（Page View）的网站，已经算是大型网站，而今天，PV过千万的网站，数不胜数。信息的急剧增加造成注意力的稀缺，而当注意力也开始富裕的时候，有效注意力就成为新的稀缺资源。

1994年，最早从事注意力经济研究的学者之一——美国学者理查德·A. 莱汉姆在《注意力经济学》一文中，按照注意力付出的多少，把信息分为了"未加工的数据资料"、"初加工信息"、"有用信息"和"智慧"。而现在我们所处的阶段，正是"有用信息"和"智慧"缺乏的阶段。[3]

回忆一下你的日常行为，其实以下的情况经常发生：你很可能浏览一些带有哗众取宠标题的帖子,但是过后你不会再去想它的任何一个字;你很可能被一些网站贴出的"雷人照"、"最囧瞬间"等吸引,不过它们的效力仅在于让你和朋友哈哈一笑;有时候,你也会去看那些鱼龙混杂的被置顶的留言或者链接,不过,一旦你发现那是"枪手"掐架的地方,你会马上离开,并且把它拉进黑名单。与你的困扰相同,Google 也在一直致力于打击恶意链接造成的虚假流量——无效的注意力并不能形成真正的用户关注,有效的注意力不能缺失有效的内容。

我们通过 Twitter 理念的嬗变来体会这一点:2008年,Twitter 刚刚在互联网普及时,推出的理念是,"What are you doing(你在做什么)?"不可否认 Twitter 本身的里程碑性,但是这种定位也让 Twitter 等一些微博在创立之初成了这些语句的聚集地,诸如"昨晚睡得晚了,真困"、"旁边走过一个女人,怎么那么像王菲"、"上天保佑我减肥成功,fighting"……这些个人化而流水账似的低效率信息曾经一度让 Twitter 像极了私人间的无聊短信。

后来,Twitter 的理念转变使得它及时恢复了"公民记者"的身段:"Share and discover what's happening right now, anywhere in the world"。这样一来,在 Twitter 上,关于世界各地的新闻、媒体记者不能覆盖的社会万象,都进入了 Twitter 的网络。在诸如地震、伊朗大选等事件中 Twitter 的及时性、真实性让其声名大噪。

再具体到不断推陈出新、不断被人们的短暂热情抛弃的网络名人们,有效注意力也解释了他们的昙花一现或者盛久不衰——只有当注意力对接受的人产生影响,注意力才变得有效。

韩寒应该还是一个网络红人。从2005年到现在,这个被人视为"80后"代表的年轻人,出名并不是因为网络(少年得志的韩寒因为参加新概念作文大赛获奖并出版自己的第一本小说《三重门》而出名),但却因为他个人博客的开通和持续更新成为一个到现在为止仍然在年轻人群体中极具影响力的代表人物。与那些一夜之间红透网络但最终只是"昙花一现"的网络红人不同,韩寒为代表的网络红人能获得网友的持续关注,靠的不是新奇、怪异的不寻常路数,而是他们对社会、生存环境的关注和由此传递的内容价值:2005年开博到现在,韩寒的博客一直以对社会热点的评论和他所喜爱的赛车事业为主,不引经据典但语言犀利、不慷慨激昂但观点鲜明,有人甚至将他称为"中国的下一个鲁迅"。

所以说，我们在这里所说的有效注意力和无效的注意力，仿佛啤酒。啤酒自然有泡沫，但揩去表层的泡沫，如果下面的不是啤酒，还是一堆泡沫，那有谁会喝呢？**如果注意力不是以真正的价值作为内核，那么在已经剥除价格门槛的免费世界，注意力将仍然走不到商业的正途。即使获得暂时的高度关注，也将在未来承受品牌形象损失的恶果。**

那么，如何把注意力提升为有效的注意力呢？我们看到，口碑和 SNS 网站似乎是可行的办法。

如果说从注意力到有效注意力是注意力衡量方法的一次提升，那么从有效注意力再到口碑的跃升则就更加接近注意力价值的实现。

近 3 年来，有这样一类网站引起人们的关注：在这些网站里，你看到的评论和介绍不是由厂家推送的，而是由网友自己撰写、编辑的，而作为衡量标准的，往往不是那些说明书化的指标，而是实用、贴心的建议。这时，这种网友自助评价、口碑传播的方式就走向了注意力经济的高级阶段：这些评价和建议对消费行为产生了巨大影响。

而在一个实名制的社会网络 SNS 环境中，注意力的效率也被自然提高了。在人人网的界面上看到，很多演员、歌手、作家等纷纷开通自己的公共主页，很多包括联合国环境规划署、绿色和平组织在内的数家世界组织与 NGO 也开通了公共主页。与传统的宣传方式相比，在 SNS 上获得的注意力可能更为真实和有效：SNS 对应的每一个真实的个体，可以在页面、日志留言中获得沟通，这让网络世界与现实交流之间的距离更近了。

人民需要无聊

再回到我们最初谈到的"贾君鹏"现象。很奇怪，它不属于我们所说的任何一种有意义的"注意力"，实际上，它只是一种"群体性无聊"，但就是这种无聊，居然创造了商业价值。所以，当我们看到一个注意力经济的模型，当我们看到免费的互联网上不同层次的注意力，不禁要想：为什么"贾君鹏"似的"无聊经济"可以创造商业价值？当注意力无处安放，注意力的缺失是不是造就了另一种注意力的产生？

其实,"贾君鹏"事件之外,另外两种网络行为则是更长久的"无聊":网络游戏和 SNS 网站。2009 年,"偷菜"取代了"斗地主",成为人们在这一年消磨时光的新选择:其实这个 SNS 应用很简单,在人人网或者开心网甚至 QQ 农场,你在买种子、播种之后就可以等着收获了,而期间,你可以偷好友的菜、帮好友除草、施肥、浇水,这些都能增加你的金币或者经验值数量。

这样一个看似简单并且"无聊"的小游戏,居然在 2009 年变得流行。很多人经常等在电脑前偷好友的菜,甚至有的设定闹钟提醒;节假日不能上网的用户,甚至在网上雇人帮忙照看农场,而很多公司也是因为员工迷恋"偷菜"影响工作而将一些 SNS 网站屏蔽。开心农场的火爆可见一斑。

同"贾君鹏"实现了奇迹般的商业价值相似,开心农场不是纯粹的"无聊",SNS 网站和开发这个游戏的软件公司分别获益:负责这个应用开发的一家名叫"五分钟"的公司赢得了收入,而 SNS 网站也借此获得了用户粘性。

"无聊经济有没有希望?""无聊的游戏能不能帮 SNS 网站留住用户?""无聊是不是对用户水平的侮辱?"随着越来越多"无聊经济"的成功案例出现,很多人开始质疑这种模式的生命力,同时,也有的人开始质疑这种"质疑"。

存在即是合理。"无聊经济"的有效不禁让我想到一段电视剧的对话,20 世纪 60 年代,一对正要吃饭的年轻人对饭店老板的关门表示气愤:"你们凭什么今天关门?我问你,你们是不是为人民服务的?""没的说。""这不得了。现在人民饿了,需要吃饭,你就得为人民服务!"年轻人开始用理论吵架。而老板的回答则更有理论高度:"那我问你,我们是不是人民?人民需不需要休息?也需要吧?现在人民需要休息了!"

所以,对无聊经济,我们的最好解释似乎应该是,**人民也需要无聊。现象所反映的事实也确实是如此:在无聊的互动中,网友并不是觉得被捉弄和戏谑,而是享受了一种可以代替暂时空虚的乐趣。**就像现实生活中可能经常有的发呆,作为一种环境,互联网让这种"发呆"变成了无聊经济。而要让这种无聊经济保持活力,同样,也需要提供者保持高度、高速的创新,用创新的红舞鞋追赶人们稍纵即逝的注意力。

从注意力经济到无聊经济,我们看到,互联网时代呈现给我们的,不是由传统到现代的淘汰,不是由高雅到低俗的堕落,而是给我们呈现了一个万物共荣共生的世界。免费和注意力经济的天然形成，则促使这个世界更加丰富。需要指出的是，从货币到注意力，并不意味着矛盾解除的完满世界。如果注意力作为财富衡量，在这免费的时代，也有穷富之分。所以，比之过往的时代，人们比任何时候都想出名、获得注意力的财富。而我们需要做的，就是认识这个免费的注意力时代。

第六章　免费经济的怪现象

对供求关系的不同认识、对生产组织形式的不同认识，形成了互联网新经济对于传统经济的"逃离"。从免费角度审视，免费经济的各种"怪现象"又给予了新古典经济学理论以启示。

"免费压垮了需求曲线"，有人这样概括互联网经济对传统经济的挑战。确实，在互联网时代，包括"免费"形式在内，"违反"传统经济学理论的"怪现象"层出不穷：一种商品，并不是价格越低，需求量越大，价格越高，需求量越少，高价也能造成"哄抢"；在同一领域，市场格局往往不是多个竞争者并存，处于行业第一的商家往往"赢家通吃"；免费经济中对公众免费的"公共资源"并没有造成"公地悲剧"，而在更多人使用中得到价值提升；追踪钱的去向，再也不是简单的买方卖方，金钱在广阔的多边市场有了更分散、更复杂的去向。免费经济的这些"怪现象"可以说是对新古典经济学的有益启发。

"逃离"新古典经济学

"拍卖"是现实生活中常见于艺术品行当的出售方式：很多艺术品，如名人字画、文物古玩等，往往以高出其物体本身使用价值的多倍，以"天价"售出。这种形式长久以来被人们接受，因为人们了解：在拍卖行业，拍卖品的价格不是根据商品的使用价值来衡量，而是包含很多文化、历史因素，即人类的"感受"，由于这种"感受"的积累，艺术品可以以高价被售出，同时令购买者欣然接受。

在互联网世界里，这种"拍卖"随处可见：一方面，作为"基础设施"的平台和工具免费；另一方面，体现消费者个性化需求的产品和服务则依靠消费者的"感受"进入了不受需求曲线控制的地带。

要想理解免费作为互联网经济的商业模式、定价模式的理论模型，就不得不从网络经济本身对传统经济学（我们这里指的是新古典经济学）的"挑战"谈起。

在互联网新经济语境下，是不是"需求量与价格成反比"的情况越来越少；相反，"买涨杀跌"的现象越来越普遍？需求曲线是向下倾斜的还是向上倾斜的？一方面，我们看到，对于很多自线下"搬至"线上的商品（电子商务交易中的大部分商品）仍然遵循新古典经济学需求曲线向下倾斜、供给曲线向上倾斜的市场规律；另一方面，由于互联网"长尾效应"的存在，个性经济和体验经济范畴中的商品与服务的定价已经偏离新古典经济学的供需模型，"需求曲线可以向上倾斜"，更进一步，有学者认为，对互联网新经济来说，"需求曲线可以经常向上倾斜"。[1]

坚持认为"需求曲线必然向下倾斜"的学者认为，尽管以互联网经济为代表的新经济出现了一些"需求曲线向上倾斜"的实践，但总体上，作为新古典经济学的基本定理，需求曲线的方向并不因为这种少数情况而变得不适用，对于大多数商品来说，"需求量与价格成反比"的结论仍然成立，他们只容忍需求曲线的"有时向上倾斜"。

同时，持另一观点的学者认为，"需求曲线向下倾斜"观点的考察对象主要面对的是从亚当·斯密时代至今的工业化时代的商品，而对于互联网新经济来说，从主体角度出发的"体验经济"来看，"需求量与价格成正比"的现象经常出现，所以，"需求曲线向上倾斜"的结论在新经济语境下是成立的。

与以上两种颇为"极端"的观点都不相同的是，一种介于两者之间的"过渡性"观点已经开始试图向传统经济学进行渗透。持这种观点的学者认为，与新古典经济学那种"放之四海而皆准"的"普遍经济学"不同，新经济规律是一个在特殊语境下、特殊层次上的"普遍"规律。

需求曲线的方向之争，体现了互联网新经济与传统经济的不同。为什么互联网经济中容易产生逃离古典经济学的现象呢？这主要还是因为，从工业时代到互联网时代，是一个从商品经济到知识经济的转变。在工业化时代，决定人们购买决策的，主要是价格；而在精神产品极为丰富的互联网世界，决定人们购买的更多的是人们的"感受"。需要指出的是，无论需求曲线的方向如何，"免费"的意义都不可单独作为"价格为零"的情况直接套用公式进行模型分析。原因是，当商品的价格降为零，那么商品的属性直接发生变化，更多的，这时候的免费"商品"已经脱离了"商品"的经济学范畴，而成了一种公共设施。那么，这一变化导致了哪些不同于传统经济学特征的行为呢？

在互联网世界，"理性"逐渐让位于"感性"，以自我实现为目标的消费逐渐取代以生存为目的的消费。而免费的互联网让这一趋势更为明显。

在新古典经济学中，理性是供需曲线乃至整个经济理论大厦的重要架设，正是假定每个自然人在面对同一个选择都会作出相同的"理性选择"，传统经济学才得以推而广之到整个工业化经济的方方面面。但是，当对"自我实现"的诉求超过生存、发展的诉求时，这一假设变得薄弱。人们选择商品，价格不再是唯一的衡量标准：追求高峰体验，包括成瘾性社会体验（运动、竞技、博彩）、成瘾性自然体验（烟、酒）、成瘾性个人体验（个人电脑游戏等）、成瘾性艺术体验（流行歌星）；以及追求名利地位，为此讲排场、讲面子、讲身份；一类是追求艺术和时尚；一类是追求社会认同（红白喜事）……凡是进入这个区间的，都可能出现追涨杀跌的"非理性"现象。[2] 在免费的互联网环境中，毫无疑问，感性、感受大过理性的机会大大增多了：在网上，诸如互联网接入、收发邮件、即时通信、获知新闻、进入论坛讨论甚至社区生活（SNS网站）等的"公用设施"免费了，即人们通过使用这些网络的"基础设施"，解决了网络生存、发展的基本问题，相应地，更高的需求导致了更多"感性"的出现。

其次，边际报酬递增而不是递减，也是互联网经济不同于传统经济学的规律之一。

边际报酬递减规律，又被称做边际收益递减规律，是指在其他条件不变的情况下，如果一种投入要素连续地等量增加，增加到一定产值后，所提供的产品的增量就会下降，即可变要素的边际产量会递减。这决定了企业对可变要素的投入必须遵循最佳比例。但是，边际报酬递减规律在数字时代发生了变化。对数字"制造"和传播来说，可变要素的投入几乎为零。

以微软公司的商业软件为例，微软公司每年的研发投入高达几十亿美元之多，成本不可谓不高，但当这些固定成本的投入完成之后，复制、传播每一份软件的成本则可以忽略不计了：如果不计算微软公司的营销费用，拷贝一张光盘的成本与巨额的科研投入相比可以忽略不计。而这一点对互联网公司尤为明显：一篇文章、一首歌、一个电影的传播、拷贝，连实体的光盘都不需要，成本为零。这样，价格降低到零就不可避免。

这样，我们看到，由于互联网新经济中"非理性"成分的增加、数字传播的零成本，使得互联网经济呈现出许多不同于传统经济的特点，从免费角度审视，这些特点具有了新的意义。

赢家通吃变得更明显

按照我们对于互联网的"信仰"来推断，在互联网经济时代，网络上信息的完全性、低成本扩张，对应的应该是一个完全竞争、多样化的市场。当免费来临，似乎是更多同类型公司共存的时刻到了。但实际上我们看到的是，在很多互联网领域，赢家通吃现象变得更明显了。

即使是在传统经济语境下，赢家通吃，或说寡头垄断，也是市场充分竞争的结果之一，只是当我们把环境放到互联网经济下来观察时，可以发现，赢家通吃的现象变得更容易、更明显了。

"搜索引擎有哪几种？"如果被问到这个问题时，你的回答包括了除Google、百度之外的第三个，甚至第四、第五个搜索引擎时，那我不得不判断，你可能是一位互联网行业人士。对大多数普通用户来说，他们只能对自己经常使用的一种搜索引擎有深刻印象。这种微观的表现反映在这些互联网公司的市场份额上：截至2008年底的数据显示，百度占据了中国搜索引擎市场63.5%的市场营收份额；Google市场份额达到27.3%，百度、Google两巨头的营收份额之和超过了90%，基本垄断了中国的搜索引擎市场。而同样的情况也出现在即时通信领域、SNS网站、第三方支付行业。寡头垄断现象十分"强烈"。

与在传统经济环境下的寡头垄断不同，互联网经济下，垄断者的市场份额优势更加明显了。**如果说，在前者的环境下，处于寡头垄断状态的前三名的市场份额可能是60%、30%、10%，而后者的环境下，这个比例很可能就变成95%、5%和0。**

为什么"赢家通吃"现象在互联网环境下更明显呢？

我们前述所讨论的"边际成本递减"、"边际报酬递增"是促成这一现象的原因之一。由于扩张的成本降低，互联网企业扩大规模十分迅速，这也是互联网企业能够短时间内迅速扩张、积累财富的原因，也是"赢家"能够"通吃"的根本条件。

"因为凡有的，还要加给他，叫他有余。没有的，连他所有的，也要夺过来。"在《新约全书》中，《马太福音》的第25章有这样的寓言记载。1968年，美国科学史研究者罗伯特·K.莫顿提出这个术语用以概括一种社会心理现象："相对于那些不知名的研究者，声名显赫的科学家通常得到更多的声望。即使他们的成就是相似的，同样地，在同一个项目上，声誉通常给予那些已经出名的研究者。例如，一个奖项几乎总是授予最资深的研究者，即使所有工作都是一个研究生完成的"，这成为被经济学、有机化学、图书资讯学等广泛引用的"马太效应"。与我们一般设想的均衡状态不同，"马太效应"是指，强者更强，弱者更弱。

Google首席经济学家、长于微观经济学分析的哈尔·瓦里安曾经提出"正反馈"（是指受控部分发出反馈信息，其方向与控制信息一致，可以促进或加强控制部分的活动）的概念。网络外部性产生了"正反馈"，"正反馈"在网络经济中比以往任何时候都更加强大。他同时认为："在信息经济中，"正反馈"以一种新的、更强烈的形式出现，它基于市场需求方，而不仅仅是供应方"，与"理性均衡"状态下"负反馈"系统中"强者变弱、弱者变强、双方皆大欢喜"不同，"正反馈"导致了"强者更强、弱者更弱"。另一位经济学家，保罗·R.克鲁格曼则同时对供给曲线产生怀疑：他认为，在网络经济中，供给曲线也发生了变化，由向上倾斜变为向下倾斜。这样，"向上倾斜的需求曲线遇见向下倾斜的供给曲线，就构成了'正反馈'，它不是一种均衡的经济，而是赢家通吃的经济"。

赢家通吃会导致处于市场份额第一位的厂商对价格有更多主动权吗？比如，在可能的时机，将免费变为收费。事实证明，赢家通吃并没有赋予垄断厂商这种"特权"。

2003年，阿里巴巴成立了C2C电子商务网站淘宝网。在当时，淘宝网未面世之前，在中国市场，最具影响力的C2C网站仍然是美国的电子商务网站eBay。而

eBay 的商业模式则以收取会员的管理费和交易费为主要收入来源，广告只占营收的很小比例。但是淘宝网的免费策略打破了 eBay 稳定持续的市场节奏。依托阿里巴巴集团的成功，淘宝网当时向用户承诺"3年免费"，以此打开局面，并最终将 eBay "挤"出了中国市场。而现在，淘宝网的免费承诺已经继续，而其时间跨度也早已经超过了当初承诺的3年。

那么，现在已经是中国 C2C 电子商务冠军的淘宝，有没有可能突然收费呢？我们从淘宝网目前所处的竞争环境来看，直接将平台变成收费已经不可行：显然，与 B2B（Business to Business，商家对商家）的交易相比，C2C（Consumer to Consumer，消费者对消费者）的交易对价格更为敏感，对很多淘宝用户来说，尽管可能买一件衣服的价格比较贵，或者衣服的式样可能变少，但总能在另外的卖家下得到基本相同的服务，而且，随着电子商务产业的发展，淘宝的竞争对手：垂直、细分的电子商务网站对淘宝构成的威胁也使得淘宝不敢"轻易"收费。

同样，中国第一大即时通信工具 QQ 也在过去的几年被数次传出"QQ 聊天要收费"的"谣言"，而面对可能的收费举动，用户的反应非常齐整：不再使用这款聊天工具，因为替代品其实很多，只是要花费用户迁移的成本。

对不具有高度粘性的免费用户，对平台的突然收费会造成用户的迅速转移，在这点上，赢家通吃的商家没有特权。

那么，这种愈加明显的赢家通吃的现象是不是意味着在同一领域留给其他竞争者的机会越来越少？

从计算机和互联网发展历史来看，新的伟大公司的出现往往不是与"老牌明星"处于相同竞争领域，而是在不同领域有根本性突破：从 IBM 到微软，实现了软件与硬件的分离，由此开启了商业软件时代；从微软到 Google，则完全是互联网对 IT 的整体超越。那么，是不是 Google 和腾讯这些互联网巨头使所有互联网公司失去了做伟大公司的机会？

回答这个问题，我们除了意识到互联网市场赢家通吃的基本现实，更要意识到，在个性逐渐突出、需求被无限细化的今天，小公司、快公司的价值越发有机会凸现出来。

豆瓣网可以看做是一个分享网站。清新、简单、独立，这让豆瓣网立刻同应用繁多而用户使用率低的 Web2.0 网站区分开来。像大多数 Web2.0 网站那样，豆瓣网内容可以由用户添加，对里面所列的音乐、书、电影等可以做收藏、评论、评价等操作。用户可以通过加入同城、小组、友邻等交流方式和住在同一地区，或喜欢某个共同主题，或对彼此都感兴趣的好友交流，进行关于图书、电影和音乐的分享、交流与推荐，以及二手转让。

豆瓣网比较个性化的设计是，它有这样一个程序算法，可以根据你收藏的电影、书等进行同类推荐，在用户提供了一定量的收藏信息后，豆瓣会根据其算法自动选出与此成员口味最像的其他成员，成员借此可以找到和自己"气味相投"的人。豆瓣还会给出"豆瓣猜你会喜欢"的列表，向用户推荐可能合其口味的音乐或电影。比之很多SNS网站群体性过强、中心化的特点，豆瓣恰恰走的是"去中心化"的路线：这里没有明星，没有人气之星，不需要被所谓潮流引领，只要自己喜欢。一切需要用户自己上传、分享、交流，保持了用户个体的独立性和判断能力。

与过分依靠"人气"的Web2.0网站相比，豆瓣像是个具有工程师风格的文艺青年，也是真正实践"长尾理论"的网站之一：在豆瓣最"传统"的分享类别之一图书里，你可以发现，几乎你想要读的每一本看似"小众"的书，在豆瓣上都会显示有会员对这本书是"读过"、"在读"或者"想读"，你可以和为数不多的但兴趣相同的朋友分享好书、交流书评。"无独有偶"的感觉非常棒。自2005年3月成立以来，目前，豆瓣注册数目超过150万，每月浏览用户数量达到500万以上，这个规模使得对于坚持简单、实用风格的豆瓣来说，商业化进程比较困难。有"豆友"评价，"豆瓣的价值就在于几乎没有商业价值"。而与其他国内网站不同的是，在国外，几乎没有大型公司的前车之鉴可供豆瓣参考。不过，可以肯定的是，拥有一群具有判断力和消费能力的用户群体，豆瓣的前途值得期待。

人们可以为"无聊"埋单

提起"无聊经济"，你可能想到的是那些无所不在的广告：正是利用了人们注意力缺乏的"无聊"时间，广告暗示的诱惑才会更有吸引力。分众传媒的成功正是基于广告商对"无聊"时间的认可。而在这种广告主为消费者的"无聊"时间埋单的事件中，"无聊"只是被利用，还未被购买。现在，无聊却可以独立地创造商业价值。

正如人们从来没有预料到博客的普及是由一个叫做"木子美"的人扩展而来一样,在"开心农场"这个游戏出来之前,人们也没有想到作为具有多种功能的社区网站,会因为一个网页游戏而变得流行,更奇妙的是,人们居然愿意为这个游戏花钱,为这种"无聊"埋单。

"开心农场"是上海一家叫做"五分钟"的游戏公司开发出的,最早是在开心网推出,后来,人人网、QQ都推出了自己的农场,分别叫做"开心农场"和"QQ农场"。这些农场的核心功能都是"偷菜"。在自己的农场种菜之后,作物有成熟的周期、时间,在这期间,如果你不在线,不及时收庄稼,你的菜就可能被你的好友偷走,而你每次登录农场的时候,系统还会提示你,是谁曾经偷走了你的菜。

当然,也有方法可以尽量让你的庄稼不被偷,就是"买狗"。在人人网的农场游戏里,一只"狗"大约需要10个人人豆,也就是10块钱。而化肥、杀虫剂这些增值商品也可以通过购买人人币获得。同你无法理解为什么有那么多QQ会员会花钱买QQ币来给自己买虚拟的衣服和宠物一样,你可能也不理解:人们居然会用心搭建一个虚拟的农场,为"无聊"埋单。

在前述关于注意力经济的讨论中,我们说到过,注意力的旁落就是"无聊",人民需要精神食粮,人们也需要"无聊"。而"无聊"的本质就是虚拟世界。

其实,从网络生活的角度看,人们现在看似无聊的东西都是虚拟世界中的必备品:比如那些QQ空间里的衣服、房子,还有开心农场的瓜果蔬菜。

当无聊成了人们的必需品,无聊就会创造经济效益——免费或许可以改变人们对"无聊"和虚拟世界的看法,而为无聊埋单将不再是这个时代的一个怪象,那将成为我们日常生活的一部分。

"公地悲剧"变成"公地喜剧"

1968年,英国的加勒特·哈丁在《公地悲剧》("The tragedy of the commons")一文中首先提出"公地悲剧"理论模型。这个模型的假设是,作为理性人,每个牧羊者都希望自己的收益最大化。在公共草地上,每增加一只羊会有两种结果:一是获得增加一只羊的收入;二是加重草地的负担,并有可能使草地过度放牧。经过思考,牧羊者决定不顾草地的承受能力而增加羊群数量。于是,他便会因羊只的增加而收益增多。看到有利可图，许多牧羊者也纷纷加入这一行列。由于羊群的进入不受限制，所以牧场被过度使用，草地状况迅速恶化，悲剧就这样发生了。

不过，在知识经济主导的互联网，情况完全转变了。**知识、文艺作品通过互联网传播是免费的，成本为零。而在共享的过程中，知识本身又获得了升华，而且，在这个过程中，给参与分享的人带来了快乐。**"公地悲剧"就变成"公地喜剧"了。

从这个角度来说，免费模式，或者互联网产业本身，是一个投入成本小、收益大的"环保产业"。

从另一个角度来看，从"公地喜剧"出发思考，免费还解决了"社区能否无成本运作"的问题。在组织理论中，社区是一个重要的组织单位。尽管社区的功用会给处于这个社区中的每个人带来好处，但由于缺乏直接的经济激励，社区的无成本运营在现实世界，即使是在可以用低成本的"居委会"模式实现社区管理的中国，也是处于非"零成本"的状态。

免费的网络社区解决了这个问题。在中国，SNS 网站可以说是 2009 年互联网发展的一大热点。交友、同学录、活动组织的方式、游戏，这些功能都可以在 SNS 网站上实现，并随着人们新需求的出现逐渐增加功能，有些应用，甚至已经超越或者引导了用户的需求。这些构成了一个网络社区所需要的要素，又具备了现实世界社区的功能。

"公地悲剧"变成"公地喜剧"，这一点在免费时代的意义在于，人们对公共品的处理方式可以改变了。在现实世界中，公共品往往有容量和时间的限制。在互联网，这种限制消失了。观看一场演出，体育馆的观众数量、演出表演时间是受限的，而现在，可以通过视频网站解决这一约束，当然，从感官和情感角度，现场感并不能由视频技术代替；在论坛里，只要服务器的承受力允许，可以让更多人在同一时间发表见解，在这种自由表达的过程中，没有时间和"坐席"的限制，一种草根式民主活跃起来了。

公共资源的使用不再有明确的限制，这是免费互联网的怪象，却是网络使用者的福音。因此，公共品对个人的意义发生了改变，现实事件的进展也有了创新性解决的可能。

免费并没有"省钱"

按照我们的设想，由于免费时代的很多产品属于自产自销，那么免费减少了"生产成本"：对平台而言，一方面，是由双边市场中的一边提供的交叉补贴，一边是用户端自生产的内容，好像平台企业的作用仅是"牵线搭桥"，作为一种"环保产业"，不需要耗费大量资金，因此，免费应该"省钱"。但是，实际上，免费不仅没有省钱，反而更"浪费"了。

在用户端平静的免费海面之下，有资本洪流的集中和激烈碰撞。当然，这样的结果是好的——毕竟这意味着整个互联网经济的规模、投资机会和就业市场的扩大。

当我们说到免费的"省钱"或者"浪费"的时候，需要明确的是，你是处于免费市场中的何种位置，如果是属于平台或者提供服务的企业，尤其是平台企业本身，那么，免费是"花钱"和"浪费"的，平台的运营则需要巨大的资金支持。如果你是最终消费品的接收者，即普通用户，当然，免费是"省钱"的，只要这种"浪费"不关乎你的工作和收入。

我们来看这样一个数据，作为全球市值排名前三的互联网企业，腾讯公司的市值接近400亿美元。可以这样理解为：从开发QQ软件到争取和维护用户，从增添各种增值服务应用到吸引广告商留在这个广告平台，加之腾讯的品牌价值，腾讯公司的运营成本，基本解释了300多亿美元的组成——作为平台企业来讲，消费者免费了，但是它们搭建和维护一个基础平台"花费"不菲——免费，并没有"省钱"。"5年前，你有两三千万美元就可以做到，现在至少需要一亿美元到两亿美元了"，易凯资本CEO王冉曾经这样说道。以电影为例，几年前，拥有几千万已经可以算是业界的"有钱人"，而现在，几乎每部大片的"起步价"都已经达到上亿元。

"没有几亿不要玩视频网站"——土豆网CEO王微曾经这样阐述视频行业的"准入门槛"。而事实也确实证明，对于产业链中扮演枢纽角色的平台企业，不"省钱"、花钱有时有助于平台企业进行长远的规划，是发展出一个健康、可持续发展平台的先决条件。

2009年11月，盛大网络收购了视频网站酷6网。随后，酷6网宣布了三个重要决定：删除盗版国际影视剧、联手搜狐出资千万美元成立"国际影视版权联合采购基金"、公布三个"1个亿"计划。实际上，影视作品的正版化问题一直是困扰视频网站发展的难题：正版化的全面普及和贯彻会给企业造成数额巨大的版权费用，并减弱视频网站的竞争力。如果版权问题得不到解决，视频网站的发展就会有潜在危险。而大量资金的支持则可以解决这个问题，对酷6网来说，来自集团公司的资金支持提供了这两个问题的解决方案——正是母公司的"花钱"才能保证酷6网的"免费"平台。

一方面，是免费的大量用户所呈现出来的产品、服务生产的无限分散；另一方面，是平台企业对资金的强力集中。资金的流向变得十分有趣：用户的免费决定了必须有平台企业或者双边市场另一边的厂商（更多时候是平台企业）对其进行"补贴"，以保证大量资金，用以维护和改善一个平台的正常运转与优化。

第七章　免费就是乐园：免费的文化注脚

> 网络让我们坐在了一起，虽然我们互不相识，可是我们中间有篝火，大家互相尊重，这是前提，这样我们才能坐到天亮，否则日出前就不欢而散。
>
> ————余华

为什么免费可以获得人们天然的热爱？为什么免费盛行的互联网充满了乐园式的狂欢？为什么有那么多不求利益的陌生人，可以为了一个目标锲而不舍？"那代表自由的思想，但不是免费的午餐"，比起"免费就是不收钱"的表面认识，免费所象征的互助、分享的互联网精神似乎更能诠释这个新模式的精神内核。

在谈到对博客的态度的时候，作家余华给出了这样的结论，他被网友评价为"可以在篝火旁讲故事的人"，这被余华认为是自己得到过的最高评价之一，而互联网，正是这样的一片野营地。

人们可以毫无顾忌、直抒胸臆地与来自天南地北的朋友交流，可以在毫无商业企图的情况下共同协作，完成一本书的写作或者翻译，可以在不知道该请教谁一个稀奇古怪问题的时候从网上得到确切、满意的答复……而更重要的是，这一切都是免费的。比之免费带来的任何商业意义上的成功和免费带来的问题，免费的互联网所带来的快乐使这一切顿时显得无足轻重。

那一群哈利·波特迷

2007年7月21日，畅销小说《哈利·波特》全球同步发售其第七部，也是其最后一部——《哈利·波特与死亡圣器》。而仅仅两天之后的7月23日，该英语著作的中文版就已经可以在网上下载了。而"正版图书"，即人民文学出版社的中译本《哈利·波特》则要通常在英文原著发行的几个月之后才面世。

完成这项翻译任务的是网上一个叫做"霍格沃茨翻译学院"的自发组织。实际上，这个由很多哈利·波特迷自发组成的"翻译学院"已经在《哈利·波特》正式发行前完成了全部翻译（他们的原著素材来自于国外提前发售的发行商），但仍然认为，应该尊重原著，于是将"翻译学院"版的发行定在原著发行的两天后。

如果你仅把这本可供网友免费下载的电子书当做一部水平欠佳、翻译粗糙的速成品的话，那么你很可能对网络时代的这种"众包"[1]［Crowd Sourcing，众包，即指一个公司或机构把过去由员工执行的工作任务，以自由自愿的形式外包给非特定的（而且通常是大型的）大众网络的做法］方式下了过早的评论。**在这本电子书最后的"霍格沃茨翻译学院名册"中，我们看到这个名为翻译学院的组织，竟然有像模像样的"组织机构"：在五位"院长"之下，有六个"官方下辖部门"，他们自称为：翻译组、修订组、终审组、纠错组、对外事务组、打杂组。其中，除只有两名成员的打杂组没有组长外，其余的小组或者部门都有组长或部长，整个"学院"人数近60人。**

他们大部分应该是英语系的学生，你可能会这样认为。但实际上，他们只是一群哈利·波特迷，不过，都经历了严格"考核"：从7月2日起，哈7吧吧主（发起这次翻译活动的一个百度贴吧）就开始发帖招募翻译人员，从递交的200多份申请中，筛选出约60名翻译，成为"霍格沃茨翻译学院"的成员。而这些通过考核的成员在测试时往往被要求翻译一段与《哈利·波特》有关但不是原著内容的英文，而他们当中有相当部分成员也参加过之前几部《哈利·波特》的翻译。根据不同成员的时间，"学院"还安排了时间表。而在该电子书首页的"学院"声明中也写道："霍格沃茨翻译学院不是所谓的翻译小组，学院包括了翻译组、修订组、终审组等，不是单一的翻译小组。"

那么，你会设想这群"鱼龙混杂"的甚至有几个成员是高中生的翻译队伍一定交不出优秀的翻译作品。但是实际上，在网上，"霍格沃茨翻译学院"版本是哈利·波特迷们认同度最高的，甚至在百度知道里，还能发现这样的求助："求哈1到哈6的翻译，霍格沃茨翻译学院版的。"

我们来想象这样一个场景：来自中国不同省份甚至身在不同国家的哈利·波特迷们，为了能尽快看到同时也让其他中国哈利·波特迷尽快看到中译本，或者在工作的8小时之外，或者利用暑假时间，或者在地球另一端"学院"成员已经进入梦乡的时候，开始翻译。**用不到两周时间完成从翻译到终审到"出版"的全过程，这简直有一种"日不落"式翻译的壮丽。**

这些哈利·波特迷的"敬业精神"和本身的高水平翻译，往往让很多下载、阅读他们作品的网友充满感激和崇拜。而同样的一些从事翻译"工作"的小组似乎也应该受到这样的膜拜和尊重：字幕小组和各外语杂志的翻译小组。

从好莱坞的"三线"演员到红遍亚洲的明星，如果美剧《越狱》(*Prison Break*)男主角温斯沃斯·米勒想要感谢谁的话，我想，他不应该遗忘的，应该是中国的那些字幕小组们。

2006年12月，美国《纽约时报》发表了一篇名为"打破文化屏蔽的中国字幕组"的文章，让隐身于流行美剧背后的"无名英雄"——那些热情的字幕组成员受到人们的关注。实际上，这些字幕组往往跟很多BT下载网站有关，他们通常负责下载、翻译、制作、压制、发布、分流等的"全线"任务，而他们覆盖的电视剧，几乎涵盖了包括Fox、ABC、CBS和NBC等电视台播出的所有流行美剧。在分工明确的"组织"下，字幕组推出中文字幕版美剧的时间非常短，从拿到片源到发布到网站供人下载，往往只需要几个小时。

同样，对这种"多快好省"的翻译，很多网友的评价是，"比很多DVD的字幕好多了"。尽管因为关涉翻译并提供盗版电影、电视剧等问题，他们很少面对媒体采访，但他们无疑是万千美剧迷体验美国文化的重要桥梁：在《越狱》热播的时间里，很多中国网友经常苦等两周，然后在中文字幕版出来的第一时间去BT网站疯狂下载。

与"霍格沃茨翻译学院"、美剧字幕小组这些因某本书、某部电视剧走到一起的组织形式不同,译言网更像是一个"平台"。2006年11月,三名曾在美国硅谷工作的中国工程师创办的译言网正式上线。译言网主要摘取国外(主要是英语国家)优秀期刊杂志的优秀文章,部分文章的翻译做成任务让网友认领,所以说,译言网从运作形式上也是一个自产自销的Web2.0翻译网站。在译言网的自我简介中,也有这样的描述:"译言网是一个开放的社区翻译平台,我们的目标是把译言建设成一个有影响力的严肃内容提供方和译者活动社区。"

同"霍格沃茨翻译学院"相同的是,由译言网注册用户"认领"任务然后无偿翻译成中文的作品,需要经过译言网工作人员的审核才能发布。同样是无偿劳动,译言网的学习交流气氛更加明显:很多译言网用户从"看别人翻译"到"为别人翻译"。

实际上,今天的互联网上,这样丰富多彩的"兴趣小组"数不胜数。维基百科就是这样一个庞大的"兴趣小组"。

维基百科的奇迹

在我们所描述的互联网世界,通常情况下,有两种力量可以铸就奇迹:一是网络效应下的数以亿计的网友,二是不必数以亿计只要成一定规模的公益之心。而当这两种力量有一定合力时,就铸就了维基百科这样的奇迹:没有商业广告的"污浊之气",只有接受知识和创造、传播知识的快乐。

"就凭维基百科,互联网就是个好东西。"曾经有人这样评价这个全球最大的百科全书协作计划。

维基百科(Wikipedia)开始于2001年1月15日,创始人是Bomis.com的总裁兼CEO吉米·威尔士,以及在这个公司任职的拉里·桑格。

实际上,在维基百科之前,Bomis.com公司的设想并不是做一个全民参与的互动型百科,而是做一个虽然是自愿创办的,但是高度控制化的、精英化的百科全书:最初的百科全书计划叫做"Nupedia",拉里·桑格正是Nupedia的主编,而其他的编辑几乎全部具有博士学历。但是,这些充满理想主义情怀的精英们并没有因此推出一个成功的百科全书,不久,因为缺乏资金和资料素材来源,Nupedia计划

第七章 免费就是乐园：免费的文化注脚

流产。

2001年1月2日，Nupedia主编拉里·桑格在与一位电脑程序员（本·科维兹）的一次谈话中开始了Wiki构想。科维兹（科维兹当时是Wiki程序的协作开发者之一，现在依然是）当他在晚餐中向桑格解释Wiki的概念时，桑格立即发现Wiki可能是创建一个更开放的百科全书计划的技术。在此之前几个月，桑格和他的老板威尔士也一直在探讨如何建立一个更开放、轻松的计划来协助Nupedia的发展。Wiki就这样走入了Bomis公司的百科全书计划。

2001年1月，威尔士把Nupedia的资源挂到了一个Wiki网站，并邀请访问者修改现有词条并贡献新的词条。1月10日，Wikipedia上线，不过在Nupedia的编写人员中遇到极大阻力。因此，1月15日，一个新的以"维基百科"（Wikipedia）命名的新计划在wikipedia.com正式启动。而位于美国加州圣迭戈的服务器和电缆都由吉米·威尔士捐献。

令人意外的是，这个由精英团队扩展到网络海洋的项目立刻取得了成功，这个Wiki网站在运作之初的第一年就取得了成功，并将这种成功继续到了第二年。

"自由的百科全书"，这是维基百科首页里其标志下面的品牌解释。与纸质的百科全书相比，维基百科的自由、开放、免费、共享似乎更能契合百科全书对知识普及和传播内核的阐释。为保持对事物描述的中立客观性，维基百科在允许访客修改的基础上，保留所有修改过的版本，而对一些恶意攻击、进行破坏的言论，在维基百科的审核环节也有相应的处理。在网上一份关于维基百科的介绍里，有这样一段"关于维基百科你或许不知道的十件事"，可以看做是维基百科口吻的声明："我们不供出售、只要符合少许条件；每个人都可以使用我们的工作成果；我们会说爪哇语；事实上你无法改变维基百科里的任何内容；我们非常在乎文章的品质；我们并不期待你信任我们；我们并不孤单；我们只是一群资料收集者；我们并非极权统治，也不是采取任何其他一种政治系统；这是一个百年大计……"

尽管很难在纸质百科全书和网络百科全书之间作比较，不过，目前来看，这个拥有271种语言版本的百科全书已经全面超越了纸质《大英百科全书》的内容总量：截至2009年9月的数据显示，维基百科已拥有1 300多万词条，资料容量已经是《大英百科全书》的数倍之多。用户数超过1 900万，总编辑次数更是达到7亿次，已经是全球第六大网站。

中文维基百科于2002年10月24日正式成立，截至2008年4月4日，中文维基百科已拥有171 446个条目，此外还设有其他独立运作的中文方言版本，包括闽南语维基百科、粤语维基百科、文言文维基百科、吴语维基百科、闽东语维基百科及客家语维基百科等。而"维基百科之父"吉米·威尔士在2009年9月访华时说道，目前在维基百科已有的271种语言版本中，每种语言至少都有1 000个页面，而中文版维基百科的页面已经超过27.5万，其知识含量在所有语种中排名第12。"在接下来的5至10年里，中文版维基百科的知识含量将上升至前5位。"

维基百科从创立到现在，仍是一家非营利机构，由维基媒体基金会运作，接受来自世界各地的捐款并接受美国政府的补助金。在维基百科的页面里，我们看不到任何商业广告，而其各个语种版本的首页，我们也能看到为维基百科捐款的标语。

可以说，到现在为止，维基百科和字幕小组的形式，是我们看到的互联网免费模式中最"纯正"的免费，它们不向使用者收取任何费用，也没有广告商牵涉其中的隐形取向，它们只接受资助资金，甚至只是出于一种无组织的兴趣使然。它们或者出于一种"让全世界分享免费百科全书"的乌托邦理想，或者是为了能在志同道合的伙伴中取得所谓声誉、影响力，而更多的时候，它们仅是出于个人兴趣，只是在实现个人兴趣的过程中同时给他人带来了巨大价值。

在我们所列举的免费案例中，维基百科几乎是唯一一个没有"商业价值"的公益性质网站。而在维基百科的首页，也用不同语种长期放置着维基百科创始人吉米·威尔士的呼吁，在这封致全球维基用户的信中，他说："今日，我谨此恳求您捐款支持维基百科"，"想象这样的一个世界：让这个星球上的每个人都能自由地触及人类知识的总和。"

这样的呼吁并不是表明维基百科公益身份的宣传标语，实际上，如呼吁所言，维基百科的运营费用真的来自全球各地捐助者的支持。

2008年11月，维基百科启动了新一轮融资筹款活动，用于维基百科的网络带宽、硬件维护方面。11月初，这项活动正式启动，到圣诞前夜的时候已经募集到了380万美元，不过，受金融和经济危机影响，很多人认为不太可能筹到600万美元。为了在2009年1月15日的最后期限之前募集到剩下的220万美元，维基百科又启动了新策略"请拯救我们的网站"，结果短短5天就收到了230万美元，原定的600万美元目标提前半个月实现。

快乐是人类最难以名状的感情,却在一种免费的、自由的、开放的、共享的环境中轻易地实现。似乎,网络让人类在冰冷的工业化社会之外碰触到了一片快乐的疆域。而在这里,无关商业,无关市场。

从《互助论》谈起

从字幕组到维基百科,为什么一群不相识的人,无私地贡献自己的时间与才智,创造出共享的精神财富?正如我们否定了货币作为网络世界交易的等价物和衡量价值的工具一样,在网络世界,在一个自由、开放、共享的网络里,对普通用户而言,做一件事情,是不是赚钱,是不是有回报,已经不是最重要的议题。在一个相互隔离而又无限通达的世界里,"互助"代替了"竞争",成了生存的第一法则。

1902年,60岁的俄国无政府主义活动家和理论家克鲁泡特金出版了其晚年的重要著作:《互助论:进化的一种因素》(以下简称《互助论》),在这本书中,克鲁泡特金提出了这样一个观点:尽管他认同达尔文提出的"适者生存"的自然界法则,不过,与"达尔文主义者"("达尔文主义"在不同时代、不同背景下被赋予不同含义,此处我们所指的是过分强调竞争、过分强调"适者生存"的理论)不同的是,在影响进化的因素中,克鲁泡特金更加认同是"互助"而不是"竞争"导致了人类社会的进步和发展。动物组成群体更利于生存竞争,在群体中年长的动物更容易生存下来,因此也更能积累经验,不会互助合作的动物种类,更容易灭亡。

当然,作为无政府主义者,克鲁泡特金的《互助论》的基本立意,还是在于对社会组织形式的辩论:他认为,由于进化的重要因素是合作而不是竞争,因此人类社会应该发展成分散的、非政治的、合作的社会,人们不受政治、宗教、军队的干预,充分发挥自己的才能。他提出的无政府共产主义主张取消私人财产和不平等的收入,按需分配,主张脑力劳动和体力劳动相结合。

如果考虑到克鲁泡特金所生活的年代,可以发现,在他斗争、思考和生活的年代,互助论作为一种社会理论是多么单薄:1842年出生的克鲁泡特金生活的年代,正是国际共产主义运动兴起和蓬勃发展的年代,晚年的克鲁泡特金也受到了俄国十月革命的影响。这样的时代背景决定了《互助论》似乎已经淹没在19世纪世界性的共产主义革命浪潮中而籍籍无名。由于缺乏强力的科学理论支持并缺乏对达尔文进化论的真正理解，《互助论》被理解为替无政府主义辩解的"伪科学"。

不过，在免费的互联网环境下，《互助论》的观点佐证了那些看似没有缘由的热情和帮扶。在互联网虚拟的环境下，人们得以从工业社会冷漠的群体中脱离出来，复又成为鲜活而独立的个体，于是，作为一种天性的"互助"精神得以自然而集中地表达了出来。于是，我们看到了诸如百度知道、雅虎知识堂、各种提供免费资料的论坛，以及各种由部分网友贡献而全体网友共享的资源网站。

互助是人的天性，这种天性可以在给予人们个性空间的免费网络中得以体现，而当这种互助大量聚集，当帮助别人成为一种日常活动并涉及更多才智、技能时，正如我们对注意力经济的解释，这时候，"荣誉"和"声望"就代替了报酬，成为这种互助活动中的通货。

法国思想家马塞尔·莫斯最早发现了这点。在其著作《礼物：古代社会中交换的形式与理由》中，莫斯给读者展示了一种古代社会的"炫富"方式：夸富宴。古代部落里，逢年过节，部落聚集的隆重项目便是"夸富"：人们把自己认为贵重的物品砸碎或者送人，以示自己的慷慨，不送给他人礼物的人则要遭受同部落及其他部落人的鄙视和疏远。这几乎与很多论坛和社区的区别机制是相同的：虽然没有"评级"，在大家基本准确的评判中，论坛里也可以分出诸如"版主"、"新手"、"大师"等层级的人，级别越高，在论坛里越受尊敬。而对论坛贡献少甚至"捣乱"的人，成员给他的惩罚也类似古代部落的简单方式：用"踢"他出群的方式"鄙视"他。

免费如何成为互联网精神内核的体现？两种力量的共生使得免费成为互联网精神的外在体现形式：一是人类潜在的互助精神，二是以自由软件为代表的科学伦理精神。温和如维基百科，凌厉如黑客和 Linux。在它们眼里，"免费"不是免费午餐，而是自由精神的象征。

黑客、侠盗与 Linux

就内容而言，维基百科式的互助与共享无疑是互联网上令人兴奋的免费形式。同时，另一种免费形式实际上更加常见：以 BT 下载为代表的资源享用模式，而这种模式往往与盗版有牵扯不清的关联。

2009年11月9日，全球最大的 BT 下载网站"海盗湾"（The Pirate Bay）被关闭 Tracker 服务器，而在此前，自2003年建站的"海盗湾"也从来没有跟瑞典警方消停过。与普通的 BT 下载网站不同的是，海盗湾不是安之"盗版"，而是直接打起了"反版权"的大旗。2007年，著名的私人国家西兰公国刊登出售广告待价而沽时，"海盗湾"便计划筹资买下，以建立没有版权法、属于它们的理想国度。不过西兰公国并没有回应"海盗湾"的出价，所以"海盗湾"计划改以买下其他的小岛作为替代方案。

这不禁让人想起2008年8月，在中国，"番茄花园"Windows XP 作者洪磊被捕时，很多用户对其产生的类似"侠盗"的感叹——因为他制作的盗版 Windows 系统，无数网友得以享用价格为5块钱人民币的操作系统，当然，盗版厂商也因此获利。

"海盗湾"也好，全球数不胜数的 BT 网站也好，"没有什么是不能免费的"，似乎成为它们的潜在信念，这看上去与黑客文化中的某些元素倒是同宗同源。

提起黑客，人们往往想起了一个个类似《黑客帝国》一般炫、酷而具有超强计算机能力的天才形象，同时人们也经常将他们与被攻击的电脑系统、具有超强传播能力和危害性的病毒联系起来，使得如今"黑客"这个词承载了亦正亦邪的复杂含义。其实，从黑客的起源来看，信息共享还应该是黑客文化的首要因素，只是在计算机和互联网发展的进程中，走入了不同的枝杈。

一般认为，黑客（Hacker）起源于20世纪50年代麻省理工学院的实验室中，那时候的黑客是一群精力充沛、热衷于解决难题的计算机精英。到了60年代，黑客代指独立思考、奉公守法的计算机迷，他们利用分时技术允许多个用户同时执行多道程序，扩大了计算机及网络的使用范围。70年代，黑客倡导了一场个人计算机革命，他们发明并生产了个人计算机，打破了以往计算机技术只掌握在少数人手里的局面，并提出了"计算机为人民所用"的观点，这一代黑客是计算机史上的英雄。苹果公司的创建人史蒂夫·乔布斯和斯蒂夫·沃兹尼亚克就是其中代表。在这一时期，黑客们也发明了一些侵入计算机系统的基本技巧，如破解口令（Password cracking）、开天窗（Trapdoor）等。80年代，黑客的代表是软件设计师，包括比尔·盖茨在内的这一代黑客为个人计算机设计出了各种应用软件。而就在这时，随着计算机重要性的提高，大型数据库也越来越多，信息又越来越集中在少数人手里。黑客开始为信息共享而奋斗，这时黑客开始频繁入侵各大计算机系统。

计算机及互联网技术发展到90年代，黑客队伍人员逐渐杂乱，既有善意的以发现计算器系统漏洞为乐趣的计算机黑客（Hacker），又有玩世不恭好恶作剧的"计算机黑客"（Cyberpunk），还有纯粹以私利为目的、任意篡改数据、非法获取信息的计算机黑客（Cracker）。黑客文化在保有其原始初衷的同时，更多地，演化成了信息灾难的代名词。

于是，这种亦正亦邪的做派使得黑客在我们看来有一种古代"侠盗"的气质：劫富济贫，打破一切信息权限的限制。但是，"侠盗"往往在大快人心的同时也给社会治安带来了难题，况且很多时候，"侠盗"还往往存在被"招安"的温顺结局（事实上，很多黑客后来被政府部门或企业聘为安全顾问）。但是另一种力量，却将黑客精神，或者确切地说，将自由的信息、开放和免费的信息、自由的软件精神进行到底，并撼动了微软帝国的基石，成为计算机和互联网发展史上的奇迹，甚至有人说，它开创了一本单独的学科门类，改变了互联网时代人们对科学伦理的看法。它就是Linux及自由软件运动。

在英文当中，free既有免费的意思，更有"自由的"意思。而自由软件运动及Linux的成功，解释了免费与自由的关系。除了金钱，还有远比金钱更重要的自由精神。

2001年6月28日，美国哥伦比亚特区上诉法院一个由7名法官组成的审判团一致同意推翻拆分微软公司的初审裁决，一场长达4年之久的微软反垄断案就此告一个回合。而媒体对此的描述是："人们依稀看到了法律气喘吁吁的样子。"

"气喘吁吁"的微软同样要面对的，不只是竞争对手的追赶，另一种组织的庞大力量实际上让微软更为恐惧——Linux。几年来，尽管微软的市场份额仍然占绝对优势，但在使用人数和影响力方面，Linux已经和微软不相上下，在实际上构成了挑战微软霸权的最具冲击力的力量。

而谈到Linux的起源和发展，我们就不得不回忆一下20世纪80年代自由软件运动的兴起。在70年代，软件还只是作为硬件的"附属品"被打包销售给客户：那时候，为了让硬件对用户看起来更加友好，诸如IBM等大型机的销售就附加一些软件让用户体验应用。这个时候，自由拷贝和源代码开放是整个计算机业的软件开发与传播模式。在这种情况下，软件是鼓励自由拷贝的，如果你看到别人使用一种你没见过且有意思的软件，就可以向他索要程序，这样你就可以读它、修改它，或者把其中一部分"拆卸"下来，用于新的程序。可以说，正是这种自由，造就了很多成功的软件，如 Pascal、Lisp、Unix 等。**所以，从这个角度来说，后来的自由软件运动和 Linux 操作系统其实不是激进的异数，倒像是保守的古怪天才：软件本来就是自由、共享、开放的。**

这一切带有实验室色彩的自由软件之风随着软件的商业化即软件业本身的形成而走向终结。20世纪80年代，以微软为代表的软件厂商崛起，将软件的随硬件"附送"变成了独立的售卖机制。今天看来，这一转变被看做是 PC 业兴起的核心，让 PC 从军工、实验室走向了万千普通用户，但另一方面，这一举动实际上让自由的软件创作走到了尽头。

"它是自由的精神，而不是免费的午餐"，理查德·M. 斯托曼经常这样强调自由软件的内核，他希望，人们需要越过自由软件不收费的表面，来认同和支持自由软件的内在理念。

软件的商业化让自由软件的时代终结，这让很多自由软件开发者痛心，他们中的一位便是斯托曼，他被称做是"最后一个真正的黑客"。

1971年，18岁的斯托曼进入哈佛大学学习。同年，一个偶然的机会使他受聘于麻省理工学院（MIT）的人工智能实验室，而 MIT 正是黑客的发源地。计算机世界让斯托曼沉迷，人工智能实验室自由、协作、交流的研究氛围让斯托曼在人工智能实验室一直工作了十多年之久。在软件商业化的浪潮之中，很多软件开发人才都纷纷投向了财源滚滚的商业软件怀抱，斯托曼却陷入了痛苦之中。他曾这样描述当时的痛苦："随着社区的终结，我面临着一个道德上的抉择。最简单的就是投身于专有软件世界之中，签署不公开协议，并承诺不帮助同行、同事。我自己也可能编写软件，并在不公开协议的前提下发布软件，同流合污，迫使更多的人背叛自己的原则。显然，走这条路可以挣大钱，而且使编写代码的工作增添一份金钱上的快乐。但是我知道，等到自己职业生涯终结时，我再回首这些年为分离人类而砌造的'墙壁'，我会感受到我将自己的一生都用于使这个世界变得更加糟糕。"

于是，摆在斯托曼眼前的似乎只有两条路：向商业化软件投降，或者干脆离开计算机事业。无法割舍对计算机的热爱，斯托曼走出了第三条路：自由软件运动。

1983年，斯托曼在 net.unix-wizards 新闻组上公开发起 GNU 计划，宣布他的目标是创建一套完全自由的操作系统，并附带一份《GNU 宣言》。在该宣言中，他声称发起该计划的一个重要理由是要"重现当年软件界合作互助的团结精神"。GNU 是"GNU's Not Unix"的递归缩写（Unix 最初是在美国贝尔实验室研发出的一款操作系统，因为其安全可靠、高效强大的特点在服务器领域得到了广泛的应用，直到 GNU/Linux 流行开始前，Unix 都是科学计算、大型机、超级计算机等所用操作系统的主流）。斯托曼宣布，GNU 应当发音为 Guh-NOO，以避免与 new 这个单词混淆（Gnu 在英文中原意为非洲牛羚，发音与 new 相同）。为防止不法厂商利用自由软件，使其专有化，斯托曼与律师起草了目前广为使用的 GNU 通用公共协议证书即 GNU GPL（GNU General Public License），我们前述所说的维基百科正是一项遵守 GPL 的协作计划。

所有的 GNU 程序遵循一种"Copyleft"原则，即可以拷贝、可以修改、可以出售，但要遵循一条，就是源代码所有的改进和修改必须向每个用户公开，所有用户都可以获得改动后的源代码。它保证了自由软件传播的延续性。

出于对 MIT 索要 GNU 产品权，进而又走上商业软件之路的担忧，1984 年 1 月，斯托曼辞去了在 MIT 的工作，专心开始他的自由软件之路。1984 年 9 月，斯托曼开始写 GNU Emacs，这是一款可以和 Unix 兼容的操作系统，因为这样可以便于 Unix 的用户迁移。

尽管 Emacs 获得了一定成功，GNU 也通过出售 GNU 程序手册和电脑手册赚到了运营资金，但是没有操作系统（Hurd，也翻译作"操作系统"，但与 Emacs 所指不同）的发展，自由软件运动看上去更像是个空想主义。这一局面被 Linux 的产生打破。

1991 年，21 岁的赫尔辛基大学学生李纳斯·托瓦兹编写了系统内核，称之为 Linux。在其他开发人员的努力下，GNU 的其他组件可以运行在 Linux 内核之上（我们通常所说的 Linux，是它们的统称）。这样，作为一个操作系统，Linux 用于编译、项目管理、运行的各种工具和各种函数库也源于 GNU 项目，GNU 才真正成为了一个完整的自由软件王国。

尽管 Linux 操作系统"用户体验不佳"的短板经常被商业软件公司诟病，但是 Linux 因其"集市化"的开发、协同合作的精神，其影响力和市场份额逐渐扩大：Linux 越来越多地被企业级用户偏爱，而诸如 IBM、HP 等厂商也都有专项资金用以支持 Linux 的开发和应用。

Linux 的发展让人看到了一个网络时代自由软件理想的延续，也让人看到了斯托曼等自由软件人的坚持和执著。在很多人的描述中，斯托曼"总是风尘仆仆，行囊相随，四处布道"，"从来都只用自由软件（当然他没用过 Windows）。他没有自己的汽车、电视和房产。这位单身汉居住在一间租来的房子里，他没有领过一天工资，因为他的工作就是使软件获得自由"。

　　但是，必须看到的是，自由软件真正"免费"的前提是，没有人将软件商业化，所有的软件都处于商业化"未觉醒"状态，而当商业软件的冲击来临，GNU 和 Linux 并不能只靠基金和大公司的资助来运转。斯托曼也意识到给自由软件寻求合适的商业路径的问题：自由软件并非免费软件。为了募集资金，他建议销售软件光盘时制定一个适当的价格。他认为，在未来，自由软件应该摆脱所谓"版权"的牵绊，告别让用户花费巨资购买许可证的时代，走上"资源免费，服务收费"的道路：软件工作者不是依靠卖软件，而是依靠提供服务，如技术支持、训练等来获取应得的报酬。

免费就是乐园

　　如果问及计算机革命及互联网发展对你生活的影响，我想，除了 IT 行业工作人员，几乎所有人都会回答，就是网络本身：免费的互联网带给他们前所未有的交流和表达的快感。很多时候，科技本身往往只能成为科技爱好者的小范围话题，而科技所带来的文化、环境的变化，才是它给予人们的最大馈赠。

　　互助精神、荣誉感、对精神自由的追求使得我们可以免费分享和交换很多资源，不过，翻译小组或者自由软件运动，仍然都只是像互联网上某个小圈子的基于一种特定关系的免费——要知道，在软件商业化之前的"免费软件"和现在开源软件所倡导的免费的本意，仍是源于这样的考虑：便于让可以为软件优化作出贡献的"精英"们对源代码进行修改。而今天的互联网，尤其是中国的互联网，在小圈子之外，之所以能形成一呼百应、百花齐放的繁荣景象，则在于互联网"免费"本身：免费让互联网削去了价格门槛，而这种门槛的消除也催生了很多只有在免费情况下才有的快乐。

　　如果现在互联网可以免费获得的一切，音乐、电影、论坛、SNS、聊天工具，突然收费，你的快乐会减损多少？对很多人来说，这意味着上网已经无事可做，自然没有了网络带来的快乐：即使对这些应用实行低至一分钱的价格，都会让用户直接放弃产品的使用。

对这种心理学现象，美国华盛顿大学的尼克·萨博给起了一个恰如其分的名称，叫做"心智交易成本"。简而言之，这指的就是思考的成本。犯懒是人之常情，如果没有必要去动脑子思考的话，人们都不愿意动脑筋，因此往往会选择那些最不需要费脑子的东西——免费的互联网服务正是这样的东西。当一个产品或者服务突然开始收费，比之在"微支付"面前思前想后的烦琐，大多数时候，用户的选择是，放弃在免费情况下可能使用的选择，或者转而寻找其他免费的、可替代的产品或服务。假设，你被告知，你最经常使用的搜索引擎 Google，从下一分钟开始，将以每条一美分的价格收费，那么你可能做的是尝试其他的仍然保持免费的搜索引擎，或者将不得不搜索的项目列出来，把不必要的搜索项删掉，并且心里一直埋怨 Google 新政策带来的不便。

除了与可以定量衡量的这种"心智成本"有关，实际上，免费所象征的公平的、无门槛的状态才是快乐的根源——"因为免费，所以快乐"。而这跟你的财力强弱无关。

在现实生活中，以货币为基础的价格无疑是消费的门槛，贫富强弱因此区分。而在互联网环境中，免费取消了这一门槛，在这里，尚未商业化的一切资源都是免费，这决定了一个公平、平等的活动环境：现实生活中可能一贫如洗的人，在免费的网络世界里，可以拥有一个国度。

在这里，人们可以平等地交流、讨论和分享。在这个虚拟世界里，个人的真实身份消弭，在另一个虚拟的身份中获得自由的快乐。这使得互联网成为目前中国最活跃、最生动有趣和最有思想的阵地。在这里，无数年轻人表达他们对国家和世界的看法、对人生境遇的感慨，以及时不时地娱乐他人和自娱自乐。在这些情况下，网络都像极了古罗马的街道和野营地的篝火：人们在街道上自由、平等地演讲、辩论；人们在篝火旁轻松地谈心。

在这样的情况下，人类之前创造的所有文明，以最方便、快捷而且免费的方式呈现出来，人与人之间的交流也回到了一种原始而先进的状态：人们恢复了信任，并达到了交流和沟通的更高境界。

如果说，始于20世纪60年代的计算机和互联网革命给美国带来的是一种硅谷式的、自由的极客精神和创业精神，那么，在中国，free 的另一层含义：免费则带来了中国网民的一种群体式狂欢——而这就是互联网革命给予中国互联网用户的最大馈赠。

第三部分　免费在中国

"现在音乐是Free，干嘛买专辑？难道要我演偶像剧？No……（不要吧）"。这是陶喆在他的专辑里对自己和整个唱片音乐时代的自嘲。

当免费冲击波来临，音乐、电影、文学将分别以怎样的形式呈现？为什么陈绮贞的音乐会火爆？为什么李宇春的商业价值如此之大？在免费的冲击下，数字时代的艺术应该寻找什么样的形式自救并重生？而当知识经济使精神文明作品的创作从个人活动走向集体狂欢，免费对商业和我们生活的改变，取决于享受免费成果的所有人，包括你，包括我。

第八章 毁灭与解放：免费文艺在中国

很多人认为，"盗版"问题是互联网上免费文艺作品的"原罪"。但实际上，在利益分成局面已经被改变的互联网时代，仅仅依靠版权已经不能继续维持类似20世纪末唱片时代的辉煌，而所有的文艺从业者需要做的是：继续保证文艺作品的价值，并在开发新的增值服务、跨媒介经营中实现互联网文艺的自救和蜕变。

互联网给世界网民都带来了巨大的便利，而比之国外网民，中国网民更舒服的是互联网的"免费"：各种软件是免费的；流行音乐可以从百度MP3上免费下载；已经上映一段时间的电影、流行美剧可以在迅雷、BT、电驴、VeryCD上免费下载，各高校的ftp上更是有丰富的资源；文学作品也可以在网上免费阅读或者免费下载——很多电子书网站提供了丰富的图书源。拥有一台电脑，除了交付给运营商的网络接入费，在中国，你享受这些互联网服务几乎全部免费。

"这是盗版在惯坏中国网民"，有人这样认为。的确，软件免费抢夺了付费软件开发商的利益，流行音乐的免费下载让传统唱片业逐渐走上了下坡路，电影和电视剧的免费下载与观看影响了电影的上座率和传统电视频道的收视率，继而影响到它们的票房和广告；文学作品的免费下载也是违反了著作权和版权——总之，各种形式的"盗版"被认为是中国互联网的原罪,而互联网免费实际上就是这种"盗版"的实现形式之一。

那么,是不是"免费"毁掉了那些我们本来应该去电影院看的大片?是不是"免费"毁掉了那些我们本来应该买CD来听的高质量歌曲和因此获得大量收入的巨星?是不是"免费"毁掉了网络文学的光明前途和那些本来应该有巨大文学成就的作家?

从对文艺作品创造力的保护和鼓励方面来说,版权的存在十分必要。维护作品的合法版权也是所有互联网从业者应该遵循的法则。但是,同样一个事实也摆在面前:现今版权保护的力度已经"追不上"网民对互联网资源的利用和再创造。

别了,传统唱片业

"当时一起出道的朋友你们现在还好吗?

忙些什么,现在你们在哪里?

现在音乐是Free,干嘛买专辑?

难道要我演偶像剧?No……(不要吧)。"

中国R&B之父,1969年出生的陶喆在新歌《关于陶喆》中这样自嘲。

2009年6月27日,在台北小巨蛋举行的第20届台湾金曲奖颁奖礼上,出现了这样"悲壮"的一幕:获颁"特别贡献奖"的滚石唱片总经理段钟潭,上台领奖时不发一言,而是拉出"老兵不死"、"音乐万岁"以及"请电信业不要虐待唱片业"三条横幅,赢得现场掌声雷动。

可以肯定的是,鼓掌的应该都是唱片业的业内人士,或者同情唱片业现状的音乐爱好者——数字音乐的运作模式让电信运营商和服务商占去了大部分利益分成,留给音乐创作团队的利益少之又少。但是,广大享受"免费""音乐"的网民应该对此反应不大——比起音乐的来源是不是经过授权,网友更关注的是音乐是否丰富、下载是否方便。因为有MP3下载,很多曾在唱片时代热衷CD购买和收集的歌迷不买CD了:对大多数普通人来说,MP3格式的音质与CD形式的音质相差无几,并且下载极为方便。**在歌曲数量众多、流行音乐形成了数字时代的"买方市场"时**,

消费者的需求，这个曾经将唱片业带到辉煌的"上帝"群体，也成了决定唱片业兴衰的最"无情"的摧毁者。

"中国R&B之父"陶喆的叙述中也有这样的悲戚：1997年，陶喆发行第一张同名专辑《David Tao》的时候，曾拿下台湾金曲奖、最佳新人奖及最佳唱片制作人奖，销量据说曾突破40万。随后发行的几张专辑无不达到当时唱片业的"白金"数目，其中《太平盛世》甚至超过120万张。可现在白金唱片的标准已经一降再降，可"天王"、"天后"们几乎一张白金唱片也卖不出了。

与传统唱片业相对比，无线音乐业务要乐观得多，不过这也不能让那些歌手和音乐制作人高兴起来：包括手机铃声、彩铃在内的无线音乐虽然覆盖面广、收入多，但运营商和服务商拿去了大部分收入，来自手机音乐的版权对唱片业的复兴来说是杯水车薪。

同样可以用"杯水车薪"来形容的是，苹果公司的应用商店iTunes对唱片业的利益分成：尽管iTunes的累计下载量已经突破30亿次，但仍没能阻止唱片公司的陆续死去。在国外，唱片业的颓势也难以抵抗——可见，唱片业如此，并不全归罪于"盗版"——实际上，数字音乐的利益分成模式导致了这一切。

以唱片业时代为世界贡献最多CD数量的美国为例，流行天王迈克尔·杰克逊去世后，人们蜂拥而至，纷纷去iTunes和亚马逊网络商店购买他的专辑，三周内，iTunes上卖出了1 500万张。而这种人们出于缅怀和收藏情感的CD销售量还不及他成年后第一张专辑《Off the Wall》的总销售量——截至2007年底，这张专辑的销量为2 000万。**而比之他本人创下的2.3亿的唱片销量纪录，如今唱片业的销量不禁让人感叹互联网的发展让唱片业今非昔比，How to heal the CD world？**

独立音乐来了

"你看过了许多美景，你看过了许多美女，你迷失在地图上每一道短暂的光阴。你品尝了夜的巴黎，你踏过下雪的北京，你熟记书本里每一句你最爱的真理。"2009年11月7日，在陈绮贞2009北京"太阳"演唱会上，当近万人与她同唱这首《旅行的意义》时，这位"文艺女王"已经似乎有些哽咽——从传统唱片业的寂寞女生到受万人追捧的文艺女王，陈绮贞不得不感谢网络带给她的一切。

大概10年前，在台湾，滚石唱片推出了新的女生组合：徐怀钰、吴佩慈、李心洁、陈绮贞组成的少女组合，并给它赋了一个商业味道极浓的名字："少女标本"。而对当时仍然处于鼎盛时期的唱片业来说，躁动的商业氛围并不欢迎一个坚持自己音乐想法的陈绮贞。"少女标本"的结果是，活泼可爱的徐怀钰红了，吴佩慈和李心洁转向了影视娱乐，而陈绮贞则开始了"独立音乐"之路。

2006年开始，在诸如豆瓣网一样"文艺"的社区和网络，陈绮贞的名字开始被逐渐传播开，她的音乐开始被越来越多的人分享、评论。在这些"文艺青年"聚集的社区、论坛，陈绮贞那种自我、清新、适可而止的情绪化音乐风格让她的粉丝们沉醉并自主地为她宣传。就这样，陈绮贞几乎以"零成本"的宣传成本达到了人气女星的知名度，而与此相应的是，她的歌迷们也是在免费的音乐欣赏和分享中，认识并沉迷于她。在陈绮贞看来，她的那些充斥自我情绪的"小众"歌曲难以以收费的方式让听众埋单，"能有人喜欢就不错了"。

"文艺就是让别人知道你去听陈绮贞演唱会"，陈绮贞并非出于商业目的"玩"音乐，最终"玩"动了巨大的商业价值。

2008年至2009年，陈绮贞分别在北京、上海、南京、杭州等地举办了演唱会，而2009年11月的北京演唱会更是出现了在预售期就门票售罄的现象，首天的票房就累计超过165万元。陈绮贞的流行也带动了她之前唱片的热销：她的《让我想一想》（1998年）和《还是会寂寞》（2000年）成为粉丝的珍藏级唱片——"独立音乐"来了。

同"陈绮贞现象"相类似，近两年，"独立音乐"成为传统唱片业衰落中的清脆啼声：中国台湾的组合"苏打绿"、歌手张悬、王若琳，以及中国内地的曹方。他们有这样的共同点：他们通常都因具有不服从于大众流行品位和独立个性而走向小众，又在无数小众的流行中形成了另一个极具商业价值的大众市场。

而与这些歌手相应的，他们的歌迷也具有类似的特质：他们大多蔑视俗气的"口水歌"和具有"山寨"气质的手机音乐的横行，在网络社区零星的分享和评论里找到同类，并愿意为他们的偶像购买正版CD、听原汁原味的演唱会。

"独立音乐"为传统唱片业之后的音乐未来提供了一种可能性：从迎合大众口味到只符合小众的欣赏标准，从大规模、标准化的利益摊平到个性化定制的商业潜力，从流行、认可、收费的灌输过程变为免费、欣赏、沉迷的互动过程。

于是，我们看到了免费音乐的一种存在方式：依靠类似"小众音乐"、"独立音乐"的个性化之路。

尽管这种仍然属于小众的互动不能造成海量的唱片销售，倒是有很多公司看到了这其中的商业价值。摩登天空目前就在走一种小众音乐平台的路子。在2009摩登天空名为"草莓"的音乐节艺人名单上，除了歌手张楚享有一定知名度、歌手王若琳面向大众出过专辑并在同年7月举办北京演唱会之外，诸如"24 Hour Party People"、"赌鬼"、"嘎调"、"后海大鲨鱼"、"龙门阵"等之前仍然只是在小圈子出名，离公众视线比较远。而参加摩登天空音乐节的，不只是小众音乐发烧友，还有独立制作人和唱片公司。他们正试图寻找这些小众音乐的商业未来。

立体的造星运动

与20世纪八九十年代侧重内容和作品、用作品塑造明星的方式不同，在注意力经济时代，明星本身成为一种商品或者平台，在商业化的要求下变得立体而丰满。比之他们的作品，粉丝们更关注的是他们的存在本身。从"我演故我在"、"我唱故我在"变成了"我在故我在"。

2009年，在由湖南卫视举办的"快乐女生"选秀节目中，一个叫曾轶可的19岁女孩让人们在这年的夏天创造并记住了一个新名词：绵羊音（她手抱吉他弹唱自己的原创歌曲，声音略微跑调，被网友称为"绵羊音"）。很多人表示，自己最初并没有关注"快乐女生"比赛，看到网上越来越多人对曾轶可的"绵羊音"表示或爱或恨的强烈感情才开始关注这档节目。之后，该比赛的两个评委因对曾轶可"是走是留"产生"强烈分歧"使得她在网络上越来越红。而"快女"曾轶可的出现也令湖南卫视这档"江河日下"的节目，从这个女孩的出现一直到这个女孩被淘汰之后的比赛落幕，保持了较高的收视率。网友对这种"绵羊音"唱法的讨论甚至模仿、翻唱在这年夏天的论坛里变得很火。而根据几个细节显示，在快乐女声中排名第7名的曾轶可甚至比冠军得主人气还要高。

而在曾轶可之前，2005年，在同一个舞台上，超级女声冠军李宇春更是向世人展示了互联网时代的平民偶像应有的立体感。

2005年夏天，李宇春成为那年的选秀冠军，在其后的时间内，她的"粉丝"——"玉米"让其保持了超强的影响力,也让李宇春的商业价值得到巩固:据说,由李宇春代言的洗发水,能在一天之内被抢购一空。在演唱会和见面会现场,往往李宇春的一句话、一个小动作就能引发"粉丝"尖叫——"粉丝"们对李宇春个人形象的喜爱已经超过了对其歌曲的热衷度,比起 MP3,"粉丝"们更兴奋的是偶像的出现,比如演唱会,比如见面会。

有了互联网,有着同样偶像的"粉丝"们可以很容易聚集在一起,她们从线上又走到线下,甚至形成组织——这些组织可不仅仅是去给偶像喊喊口号、掉掉眼泪,她们自发承担了本应由唱片公司来做的许多事情,比如企划、宣传。这些东西已经 Web2.0,很多事甚至不用谋划太多。

2009年9月,李宇春推出的同名专辑《李宇春》,以866 6226次的下载量成为2009年中国移动无线音乐下载量最高的专辑。对于大多数人来说,用手机网络获取音乐还不是普遍性的消费,但手机无线音乐每年产生的价值,已远远超过实体唱片的销量。更重要的是,在无线音乐的时代里,音乐产业将会出现一个更完善的经营模式。

在李宇春的签约公司——太合麦田每年的赢利中,无线音乐占据了50%以上,其余的是演出、歌手经纪以及其他项目,而实体唱片部分的利润则可以忽略不计。

以同名专辑《李宇春》为例,联合中国移动通过无线音乐俱乐部平台进行数字首发后,实体唱片的销量在40万—50万张,直接收入200万—300万元;无线音乐的营收是实体唱片的5倍,也就是1 000万元左右,这些收入由唱片公司与中国移动五五分账。也就是说,李宇春的这张专辑,使太合麦田至少获得了700万元的营收。

唱片业早年遭受盗版的摧残,近年又受到网络冲击,直到今天为止,数字音乐与传统唱片之间仍处于过渡期,在这个过渡期当中,全球的唱片公司都在摸索数字时代的音乐赢利模式。正是由于免费音乐的交叉补贴机制,唱片公司终于找到了跟海量听众接触的舞台,而听众也不必花钱就听到了众多音乐,并由此形成了一套免费机制下的流行筛选机制。立体的造星运动即是转型之道之一:数字音乐可复制,而明星本身不可复制。

第八章 毁灭与解放：免费文艺在中国

版权不是解药

"上视频网站，看免费的《阿童木》吧！" 2009年10月底，当卡通电影《阿童木》还在电影院如火如荼上映时，此项共享免费网络资源的消息已经在网民之间相互传开。与此同时，《阿童木》内地发行方光线影业却准备向侵权的相关视频网站提出起诉。事实上，类似的版权纠纷情况并非个案。盘点2009年视频网站行业，版权问题成为了行业热点问题。一些知名的视频网站接连不断地被唱片公司、电视台和独立制作人等起诉侵权，有些网站公司甚至准备了巨额"储备资金"专门应对潜在的版权诉讼风险。

中国网络视频分享网站面临的盗版问题，乍看起来与Google的图书馆计划遭遇到的侵权诉讼非常相似（Google图书馆计划是这样一项数字图书计划：如果点击图书馆计划中某本图书的搜索结果，用户将会看到关于该图书的基本目录信息，而且在很多情况下还会有几小段内容，即含有它们的搜索字词的相关句子。如果图书已不受版权保护，那么用户可以浏览和下载整本图书。在所有情况下都会看到许多链接，这些链接将用户带到可以购买图书的在线书店，以及可以借阅图书的图书馆）。但实际情况却不尽相同，Google拥有搜索、地图、Gmail、Picasa、Chrome浏览器、Android手机操作系统等众多免费产品，图书只是免费海洋中的一瓢水，是Google在具体行业中遇到的具体问题；而中国的网络视频分享行业则从一开始就缺乏赢利基因。

视频贴片广告是视频网站目前最普遍的模式，这种方法相当于把传统电视的赢利模式——免费看节目，同时用广告收入补贴的办法硬生生搬到网络上，而这几乎成为目前所有中国视频网站主要的收入来源。

基于这种类似制造业的"卖产品"模式，版权问题成为视频网站绕不过去的一道坎。虽然努力开拓B2B、B2C的业务渠道，但其实际上并没有解决安德森在《免费：商业的未来》中提到的"双边市场"问题：基础业务与增值业务两个市场，怎样先分离、后互补？

也就是说，视频网站们至今为止并没有寻找到用来替代产品的服务收费模式，这才是中国视频行业未来将要面对的最尖锐问题。

那么，版权是不是音乐、视频行业的核心问题？这些产业的自救和重生之路只能纠结于版权的归属吗？

实际上，网络的兴起、免费音乐模式的到来，并没有毁掉音乐，而是实现了一种利益的转移和无限平摊。免费并没有毁掉音乐和泯灭创作人的积极性，而是要毁掉一个"暴利"的娱乐行业。

与电子商务等实用性的互联网应用不同，从软件、音乐到电影、文学，这些无一不是人类的精神产品。免费文艺的问题在于：当免费成为趋势，新的"收费"机制难以有效地建立，对创作者原创性的伤害、对优秀作品流传于世的阻碍似乎就成了"免费"的原罪。

仍然以音乐为例，这种担心在音乐界显得颇为普遍：免费音乐最终会降低音乐的质量。

这种担忧并不是杞人忧天。**诚然，不可否认，迄今，人类历史上的许多宝贵的文明遗产，确实不是诞生于知识产权保护之下。但是，这个结论的前提是，在没有版权的时代，也是商业没有完全侵蚀的时代。**与远古时代口口相传的艺术相应的是市场经济规律没有铺展开的非商业社会。与这种出于兴趣而不是出于商业目的的"纯文艺"相应的，也是一个没有被完全商业化的世界。而基本产生于商业社会的知识产权保护意识，却不能视互联网免费为自然。免费模式无法保障音乐创作人的收益，成为业内人士疾呼的免费"原罪"。

"劣币逐良币"，这是一种对免费文艺的典型的担心：这种看法认为，虽然历史的洪流最终会大浪淘沙，留下经典作品，但很多"60后"、"70后"不无担心，对于基本上从小成长在网络环境下的"80后"、"90后"来说，他们接触经典的时间太少了，怎么能在网络音乐的浸淫下去辨识出高品质的殿堂音乐呢？免费模式下消费者的品位过强地主导市场，优秀音乐会在"劣币逐良币"的作用下被挤走生存空间。唱片时代还能催生迈克尔·杰克逊和麦当娜，网络时代恐怕只能生产出一堆水平偏下、"过把瘾就死"的网络歌手了。

这两种担心其实是对"免费音乐"的两种误解。

首先，随着知识产权保护的深入，面向消费者"免费"的音乐下载实际上没有让唱片公司的工夫"白费"，对版权的尊重、保护正在缓慢但是渐进性地开展：谷歌音乐搜索中的歌曲已经是取得唱片公司和歌手授权的版权音乐，而在百度MP3搜索和谷歌音乐搜索的广告收入中，也有一部分是给予唱片公司的利润分成。

第八章 毁灭与解放：免费文艺在中国

很多人可能要说，正如苹果 iTunes 应用商店的30亿下载次数并没有避免很多唱片公司的倒掉一样，从网络公司分得的一杯羹，对于维持原来运作模式的唱片公司来说，始终是杯水车薪。

向上数20年，始自20世纪80年代的唱片业曾经给人们提供了许多传唱至今的经典力作，也造出了至今人们仍然十分怀念的国际巨星。在媒体的描述中，那是属于唱片公司和明星的黄金时代：在20世纪80年代中期到90年代，唱片行业就是一个不折不扣的黄金行业。在媒体的报道中，我们看到这样的对比："李宗盛、赵传的任何一张专辑在台湾本地就能一卖100万张，更别说整个亚洲地区了。那时候的专辑还特别贵，差不多100元一张，算算看，卖100万张唱片就是1亿元，唱片公司拿三成，就是3 000万，歌手自己拿5%，能赚500万。所以那个时代，写一首歌就能买辆奔驰的神话天天都有，我记得周治平的那张《青梅竹马》专辑，他就赚了几百万。"[1]

而对于音乐质量的担忧，在互联网音乐的免费模型中，对殿堂音乐和流行音乐的区分，则可以解释这个问题。长时间以来，阳春白雪和下里巴人的音乐一直有着不同受众，这点并不因为音乐传播和欣赏的方式而改变。对于这两种不同定位的音乐，能让其各自蓬勃健康地发展，依靠的都是对音乐信息和质量的完全传达。而互联网，恰恰是充当了这样一个角色：复制技术的零成本让分享更加便捷、及时。而网友的评论也扩展了视野，让音乐质量的评判更加快速和相对公正。正如电影行业对 Twitter 的指责一样，Twitter 影响了它们的票房：Twitter 快速分享的评论让很多网友第一时间通过别人的感受来了解电影质量的高下，从而作出看或不看（由这项控诉看出，不看的人居多）的决定，而这种经过口碑相传的票房效应在互联网时代之前，一般需要几天到一周——免费和互联网的快速传播效应给予了唱片行业和影视行业更多的是压力，而不是破坏力。

那么，以音乐为例，免费音乐如何超越版权限制，实现服务升级呢？很多人认为，作为差异化不大的音乐消费来说，免费是具有伤害性的：一首歌即使有音质上的区分，还是同一首歌的元素，如何升级到服务呢？但是，不要忘记，作为知识经济的重要产品，文艺产品的可塑性是很强的：以面向儿童的文艺教材来说，很多出版社和音响产品生产商还只是停留在20世纪文艺教育的思路层级上，并没有根据流行文化的变化开发出适合儿童学习、让小孩儿感兴趣又不偏离艺术本身的教材。

在各大书店，我们能看到的仍然是严肃而陈旧的教科书。由点及面，如果作为具有高度创造力的文艺作品难以实现多样化产品、服务升级，而仍然像工业化时代贩卖一件衣服、一双鞋子一样被动顺延，那么互联网给予文艺的无限可能性就无从变现了。

大电影与小电影共存

视频网站的热闹当属过去的2009年的一个焦点，版权问题无疑是焦点问题之一。再具体来说，影视作品的制作才是关系视频网站所谓版权问题的根源：在视频网站的诸多内容中，观看在线的影视作品仍然是人们去视频网站的主要目的。

2010年的新年，有一部电影让中国各地影院出现了看电影如"春运"般的抢票风潮：詹姆斯·卡梅隆执导的《阿凡达》。这位曾经执导过《泰坦尼克号》的导演是一个票房奇迹的制造者，1998年他导演的这部影片仍然保持着18亿美元的全球最高票房纪录。而截至2010年1月11日的数据显示，它的首周中国内地票房已经突破2.8279亿，全球票房已经累计超过13.3亿美元。"即使是一周后的票，连最不好的座位也买不到了"，在网上，很多网友抱怨这部电影的火热：因为观影需求一直上升，电影票已经从130元涨到150元。又有消息传出说，还将涨到180元。强大的"吸金"能力让人们觉得，未来电影的方向就在这里：科幻、3D、iMax。只有这些是免费下载和DVD、蓝光等无法替代的观影感受，这样才能把观众从家里、电脑跟前拉回来，赚他们的钱。

不得不承认，即使从局外人的角度，这部3D科幻电影《阿凡达》都应该成为电影史上的一个重要节点，要知道，这部《阿凡达》在创造票房纪录时也创造了制作成本的纪录：有数据显示，这部电影的制作成本超过4亿美元。这是不是表明，未来电影会越来越成为金钱堆积起来的盛宴？

如同其他的文艺形式在互联网时代的嬗变一样，电影行业的走向，仍然是专业与非专业并存、大电影与小电影并存的时代。

2006年，一部叫做《疯狂的石头》的电影让人觉得焕然一新。除了电影里出现了少有的封闭环境下的黑色幽默，票房方面也获得成功。更让人注意的是，这是一部标准的小成本制作电影：它的成本只有300万人民币左右。从硬件设施到软件创作,《疯狂的石头》都尽可能地控制了成本:这部电影的剧本甚至是由包括导演宁浩在内的六七个人完成的。

这展示了未来电影的不同走向:一方面,资本市场逐利的本能让资金自主地流向大导演、大制作的大电影;另一方面,小成本、小制作的小电影也拥有不少观众。不过,两者的共同点仍然是所有文艺作品的衡量标准:是否为受众所接受。在《疯狂的石头》之后,也有很多小成本制作的电影亦步亦趋,但是却鲜见可以得到观众认可的上乘之作。免费模式带给影视行业的,是对速度和质量的更高要求,而是否能在未来的竞争存活,价值仍然是关键。

在中国,从软件到音乐、影视、文学,这些"免费"的精神财富宣告了一个免费时代的到来。令世界诧异的是,免费不仅没有泯灭创作的动力,而且还催生了形式多样的精神财富。当比特代替渠道商,当网民代替娱乐公司,也许,它摧毁的是一个传统、垄断、暴利的行业,不过解放了的却可能是一个丰富而充满活力的文艺世界。

第九章 新文化时代：免费媒体与免费书籍

免费搅动了图书出版、报纸、杂志等传统媒体的既定轨道，与免费文艺在娱乐王国有多种升级转型的渠道不同。但这两个代表纯粹文明成果的行业却面临同样的一个转型困难：从少数人创作、多数人欣赏的私人活动到多数人创作、多数人欣赏的群体行为。这会改变这些文化形式给予受众的终极感受吗？这些精神文明的"数字化"会一帆风顺吗？

"现在，还是通过看纸质书来获取知识吗？你还会看报纸和杂志了解新闻吗？还会看电视吗？"如果第一个问题的答案是肯定的，那是因为你仍然对书卷在手的惬意和温馨不舍，选择读纸质书而不是在线阅读。对于后两个问题，相信很多人，尤其是年轻人，已经不会再选择报纸和电视了，更有趣的是，即使他们仍然会看报纸、看电视，也不好意思承认——与网站、论坛、SNS 网站甚至微博比起来，报纸和电视太不"酷"了。从传统观念看来，报纸为第一媒体，刊物为第二媒体，广播、电视被称为第三媒体，互联网则被称为第四媒体，而移动网络的无线增值服务为第五媒体。不过，随着互联网的普及，被人们称为"新媒体"的互联网却有赶超报纸、杂志、电视等传统媒体的趋势，在时效性、受众面、传播广度上已经有第一媒体的架势和资质。

这种变化表现在人们接受信息的方式上：很多时候，大家只是把电视打开，作为一种背景音乐；大家只是把报纸买来，作为一种姿态。与报纸和杂志相比，网络媒介及时、直接、丰富，更重要的是，它们是免费的。

默多克和 Google 的战争

"传统媒体（这里指报刊、杂志）需要花费很多的金钱才能呈现上佳的内容"，但"一些人只是四处搜掠，拿着成果逃跑，他们窃取了我们的新闻故事，他们没有支付任何东西就将东西拿走。他们是 Google，他们是微软，他们是 Ask.com，他们不应该免费获得内容，我想我们一直睡着了"。默多克曾在不同场合多次指责 Google 等搜索引擎对新闻集团内容的"盗用"，并且宣称，对于这种盗用行为，新闻集团可以采用技术手段屏蔽搜索引擎的获取，而新闻集团的报纸杂志仍将坚持收费原则，默多克原计划在 2010 年 6 月份之前对旗下所有报纸网站收费，"只有长期订阅，用户才可阅读全文"，不过之后他又表示收费计划将推迟。

在互联网信息免费的潮流下，默多克的抵抗显得势单力薄。很多新闻集团的免费用户表示，如果那些网站的新闻浏览需要收费，他们立刻转投其他新闻网站，如 BBC、CNN 等，毕竟，"新闻报道仍然同质化严重，网民仍可从 BBC、CNN 等免费网站尽晓国事、天下事"。而令默多克"底气不足"的是，除去新闻集团的新闻内容搜索，依然是丰富多彩。

对搜索引擎的免费无计可施，默多克只能不厌其烦地从新闻价值而不是新闻形式来为传统媒体的利润呼吁。那么，Google 真的如此深入地影响到新闻业的发展，影响到报纸、杂志这些传统媒体的未来了吗？

2009 年 10 月，世界媒体大会在北京召开，而这次大会值得关注的一点便是，这是由美国时代华纳特纳广播集团和谷歌联合举办的——从搜索引擎工具，到掌握和影响人们信息接受和注意力的结点，Google 显然已经很接受自己的"媒体"角色。互联网流量监测机构 comScore2009 年发布的一组统计数据显示，谷歌资讯（Google News）2009 年 11 月的全球独立访问用户总数达到 1 亿人，超越了《纽约时报》网站和 CNN，成为全球第二大新闻网站。市场研究公司 Pew Research

Center 调查发现，去年出现了重要的拐点：上网免费阅读新闻的人数超过了付费购买杂志和报纸的读者。

当然，你可以说，Google 的新闻仍然来自对其他媒体，尤其是报刊、杂志等传统媒体的转载和摘录，它更像是媒体黄页、更像是媒体的 Craigslist，而不是真正的媒体。不过，要知道，尽管新闻内容在过去、现在和将来都将是媒体价值的重要部分，不过，内容要以什么形式、什么渠道呈现给最终读者，还是个没有答案的问题。

默多克控诉 Google，表面看来，似乎是新闻集团在向 Google"讨债"。实际上，在这场被默多克称为"数字移民"对"数字原住民"的战争中，免费与否还不是问题的关键所在：技术进步使得互联网这种新媒体的优势逐渐明显，这造成了大量的用户转移，而这种转移直接影响到的便是传统媒体赖以生存的广告收入。

从这个角度来说，新闻免费不是互联网这种新媒体的特点，而是它发展的必要条件——毕竟，除了高点击量可以吸引来的广告收入，互联网也没有找到有效的途径实现新闻的独立价值。

不过，与免费音乐、免费电子书遇到的问题相同，传统媒体（这里主要指报刊、杂志）埋怨新媒体（即互联网）的"投诉点"主要在于，由传统媒体的专业记者采写的报道不应该任由互联网复制、粘贴，他们应该为这种"引用"付费。而新媒体坚持"免费"也颇有筹码：一旦一家传统媒体要求他们为新闻付费，他们立刻转向其他暂时不需要他们付费的传统媒体作为新闻源，毕竟，依靠网络的力量扩大转载量、影响力，是一个媒体兴旺的根本。传统媒体和新媒体的奇妙关系让媒体的未来形式充满想象空间。

"报纸是属于老人的"

"报纸是属于老人的"，对目前中国互联网发展的态势来说，这已经不是互联网的预见式的自信，而是一个既定事实。不仅是报刊、杂志，连电视媒体也受到互联网的冲击："我也看电视，不过更多时候，我同时开着电脑，电视成了背景音乐"，很多年轻人这样谈到自己对电脑和电视的使用。

2010 年 1 月，市场研究公司 Outsell 发布了关于新闻阅读习惯的一个调查报告结果，其中的三点引人注目甚至惊讶：一是只有10%的受访者愿意为了访问网络新闻而订阅印刷版报纸；二是75%的受访者表示，如果所选的报纸网站收费，他们便会选择其他渠道来获取当地的网络新闻；三是地方报纸在家庭事件、娱乐信息等地方性新闻方面仍然占据优势。

在人们新闻阅读习惯改变的情况下，传统媒体行业，尤其是报刊、杂志，经历了什么样的衰退呢？

一组统计数据显示，在美国，2009年9月30日以前的6个月内，工作日报纸销量下降10.6%，周末报纸销量下降7.5%。这表示"报纸行业每天销售4 400万份报纸，比1940年迄今的任何时候销售量都要低。"而背后的广告收入的下降更能说明报纸发行颓势的根源：根据美国报业协会统计数据，报刊发行量加速下滑的原因之一是广告利润在2008年下降了16.6%，到2009年10月底为止又下滑了28%。伴随美国几代人成长的畅销杂志《读者文摘》，在2009年8月17日宣布，计划申请自愿破产；《华盛顿邮报》也已经宣布关闭所有美国记者站。

那么，为什么越来越多的人，尤其是年轻人，选择互联网而不是报刊、杂志的形式来接受新闻？这当然不仅仅是因为互联网的免费，实际上，这是一种趋势所在：要知道，电视兴起的时候，一台电视机的价格仍是昂贵的。

互联网新闻的快速发展是传统媒体无法匹敌的。对传统媒体而言，即使是电视媒体，从新闻产生到审核完毕，最终呈现给观众，也需要一定时间，而互联网则从接触到新闻源的同时，便可以在网络上传播，速度的优势十分明显。同时，因为有论坛、社区的存在，甚至因为类似Twitter、微博的存在，新闻，或者说由网民提交的"准新闻"，替代了必须经由传统媒体渠道审核确认的"标准新闻"。新闻丰富了，也更快速了。尽管人们对它有"三人成虎"的准确性质疑，不过，事实证明，网络的净化和选择功能跟它无端的"滋生"功能一样强大，这些"准新闻"很快成为真正的新闻。

除了对文字新闻零成本的快速传播外，近年来，网络视频技术的发展让互联网这种新媒体在实时性上更迈进了一步。新技术让新媒体更加立体，互联网已经从最初的门户网站发展到门户、论坛、社区、SNS、博客、微博客共存的大媒体概念。从呈现形式上来看，互联网作为一个媒体，也从最初的文字转载发展到现在广泛地利用高清图片、视频等技术同时表现的阶段。

长期以来，在中国，缺乏公信力一直是互联网落后于传统媒体的劣势所在。对于流传于网上的未经传统媒体"确认"的消息，大多数读者对它们将信将疑，而一经传统媒体证实，才会被接受为真正的新闻。但是，这种局面在近两年有所改观：以2008年为例，针对汶川地震、火炬传递、奥运会的一系列的高质量报道，极大地提高了新媒体的公信力。

　　而除了互联网在传播方面的先天优势，内容的"贬值"看上去也是传统媒体没落的原因之一。在《媒介革命：西方注意力经济学派研究》这本书中，作者援引国外出版商的话来比较人们对传统媒体和新媒体的不同认识。著名的英国印刷出版商特瑞斯·沃德曾经把印刷文本与水晶葡萄酒杯做过比较：它应该是透明的、传达的东西清晰可见。莱汉姆并不这样认为。他提出了文本的量化总看法。一种是看表面，也就是接受它的形式、它的表层的含义；另一种是看内涵，也就是说寻找内容和文字表层下面的东西，不受表象约束。我们通常把传播理解为后一种，即对信息进行切片检查，了解本质。但莱汉姆坚信：在注意力经济中本质就是形式（这是最具争议的部分）。这样，"注重表面"的眼力就与"穿透"的眼力一样重要。而信息的丰富、注意力的稀缺，则使媒体越来越走上一种"内容贬值"的道路。

　　内容真的不再重要了吗？人们真的已经开始了那种"眼球经济"的媒体时代了吗？实际上，在这些变迁中，内容没有贬值，只是借由形式的转变，自身也发生了重大变化。

　　"你的博客可以算做一个很有影响的媒体了，这个媒体的理念是什么？"在2010年新年前夕，在对中国著名博主韩寒的采访中，《南方周末》记者这样问道。韩寒答道："这个媒体的理念是免费阅读，但是不保证出版周期。"

　　如果说从传统媒体到互联网新媒体，只是新闻的转载和数字化，那么互联网价值所剩无几。但是，幸运的是，一些Web2.0模式的交流方式使互联网的价值陡升。互联网新媒体，实际上让一个自上而下的、灌输式的新闻模式渐渐变成了自下而上的、互动参与的模式：比之电视媒体只在适逢重大事件才进行现场直播的低频率，互联网的容量大、全民记者的特点，让互联网新闻拥有更加全面、全方位的新闻，更重要的是，这些高参与度的新闻正是受众想要的。我们看到的免费模式下的几种新媒体，比如韩寒式的公民写作、Twitter、论坛的舆论监督功能等，它们可能不隶属于哪个门户网站，但它们形成了一个共同媒体：互联网。

与韩寒的博客一样，很多博客甚至微博、论坛、SNS 网站的帖子，成了填补传统媒体空隙的"媒体"：比之传统媒体，它们不那么严肃，甚至不那么准确，然而比之所有正襟危坐的严肃评论，它们又是那么可以让人会心微笑并信服。**与我们前述所描述的免费的乐园一样，在互联网这个免费氛围下，出于兴趣和爱好的动机也使"媒体"二字更加返回它的本来意义：反映并描写真实的生活。**

"新闻"必须免费

面对新媒体的众多优势，"免费"，似乎成为传统媒体对新媒体不得不采取的对策。

首先，传统媒体无法向互联网索要较高的新闻版权费。在信息高度发达的互联网时代，信息，或者消息的同质性，决定了判断一条信息的最初来源并不容易。也就是说，如果说传统媒体想要依靠版权费搭上互联网发展的列车，车票——版权的界定就是难以明晰的节点。而同时，传统媒体和互联网的奇妙关系也是这一点难以实行的原因所在。正如我们前述所说，一方面，传统媒体指责互联网"盗窃"了它们的心血，并用免费来吸引受众；另一方面，在发行量下降的现实下，通过网络传播达成影响力又成为传统媒体对互联网的主要诉求，这决定了传统媒体不可能对互联网转载的新闻收费，或者说，实行足以改变它们商业模式的收费。

那么，作为一个媒体，互联网有没有可能对读者收费呢？

就互联网新媒体的主力——年轻人群体来讲，20 世纪末兴起的互联网浪潮恰巧伴随了他们的成长，他们的接受方式受网络的天然影响，比如，用 QQ 来跟陌生人说话、用 SNS 联络感情，还有比如，新闻是天然免费的观念。这一观念决定了作为媒体的互联网对用户实行收费的困难。

新闻从传统媒体转移到了互联网，而互联网却并没有从新闻这里获得收入的必要——对作为媒体的互联网来说，速度至上、平台为要的特点决定了新闻只能在互联网广告收入的支撑下发展，而不能独立创造收入。实际上，在互联网尚属圈地时代的当下阶段，互联网的"买方市场"特点更加明显。同样是免费，如何获得更多关注成了网站的问题，"标题党"即是这种情况下的自然现象：很多网站为了博得点击率，用更加吸引受众注意力的标题（为了吸引人，这些标题可能更加耸人听闻、更加夸大事实，或者更加"无厘头"）来应对竞争对手的咄咄之势。

从平台角度讲，新闻换来的点击量和用户粘性，正是互联网，尤其是门户网站、博客甚至微博、论坛、SNS 网站的基础平台所在（如果我们把新闻的意义扩大理解的话）。而在免费模式中，基础平台的免费才是可以获得增值服务收费的基础，互联网的立体性使得它有足够的空间开发出除新闻之外的增值服务来获得收入。所以，从这个角度而言，"新闻"必须免费。

"新闻"可以收费

"新闻"可以收费吗？对传统媒体来说，专业性强的深度报道仍然可以成为未来他们收入来源的依靠吗？对互联网而言，"新闻"可以被打包成增值服务来面向受众收费吗？

而在过去的 2009 年，我们确实看到了媒体，尤其是传统媒体在实行收费方面的尝试。2010 年 1 月 1 日，《人民日报》宣布其网络版收费：每月 24 元，半年 128 元，全年 198 元；读者可以通过在线支付、银行转账和邮局汇款三种方式支付。人民网相关负责人则表示，《人民日报》数字版实行收费阅读这一举措在短期内不会带来太大收益，但可以促进报纸的发行，并且，为防止盗版侵权提供了技术保障。

而在此之前，2009 年年底，安徽报业也开始了对网络版报纸收费的尝试。同时，国外媒体中，新闻集团旗下的《华尔街日报》早已经开始了网络版收费制度，而著名专业评论杂志《经济学人》也在 2009 年缩减了网络免费阅读的范围限制：2009 年 10 月，《经济学人》表示，根据该杂志的最新规定，免费用户只能浏览《经济学人》网络版过去 90 天的内容，而之前，系统的这个限制是过去 12 个月。从 2009 年 10 月 13 日开始，只有付费用户才能查看 90 天之前的网络版内容。传统媒体的收费尝试说明了它们对自身内容的自信：即使在极为低迷的 2008 年，《华尔街日报》网站的付费订阅营收同比增长也超过 7%。

不过，并不是所有的传统媒体都急于做好适应互联网形式的准备，比如《南方周末》，这份报纸在 2008 年由之前的 2 块钱一份涨价至 3 块钱一份，但是据这家报纸的负责人透露，即使涨价，《南方周末》的发行量仍在上升。一方面是传统的采编体制难以短时间改变，另一方面是深度报道积累的稳定读者没有快速地转向网络，很多以深度报道见长的传统媒体没有向互联网新媒体转型的动力，收费，并且可以收更高的费，是它们自信的基础。

对传统媒体或者新媒体而言，收费就意味着对新闻内容本身收费吗？有很多媒体给出了不同答案。

在原有新闻的基础上，制作收费的精华版成为德国一家媒体的做法：据报道，在德国，有这样一家"媒体"，根据读者的类型划分将读者可能喜欢的新闻精华采集下来、打包、制作成纸质版送到用户家里——这样看来，在保证报纸、杂志报道的专业、深入的前提下，有价值的报道通过创新、提炼的方式仍然可以实现稳定的收费。

未来媒体

2007年11月27日，在北京地铁里出现了"地铁报"。每天，赶地铁的上班族如果不是出门太晚，基本都可以能取到一份免费的地铁报：《北京娱乐信报》。这份报纸跟普通日报的版数相近，为方便行车中的阅读，字号要比普通报纸稍大。在颇为无聊的地铁上班路里，这份地铁报成了北京上班族除听MP3、看手机、玩PSP之外的又一选择。而这种只在读者手中停留几分钟的报纸也不会造成多大浪费：地铁出口处，一般都有几位上年纪的人等着，他们把人们不再需要的报纸回收，卖钱。

免费的地铁报，或其他依托于特定环境、载体的传统媒体，可以成为未来媒体的一个分支。利用人们乘坐地铁的"无聊"时间，地铁报的做法与分众传媒的户外广告十分类似。实际上，通过广告保证这份免费报纸的正常运营，是地铁报的主要运作模式。广告方面，以北京地铁报为例，它们的策略是，以地铁沿线为主，重点开发地铁沿线的商场、餐饮、房地产、社区等区域性广告。而从运作媒体的成本方面，比之传统的日报、周报，地铁报的采编成本相对较低：除去每日重点新闻，地铁报的娱乐版块较多，来自读者的小型访谈、调查较多，几乎不涉及深度报道。

除北京的《北京娱乐信报》之外，上海的《I时代报》、南京的《东方卫报》和广州的《羊城地铁报》也应用了相似的运营模式。

地铁报的运营效果如何呢？截至2009年3月的数据显示，《I时代报》在上海轨道交通3条线上的57个站点设有120个投放点,运作第一年就达到了收支平衡;南京《东方卫报》在几个月时间内发行量便超过28万份;广州《羊城地铁报》从2006年11月份开始,广告大幅度上升——报纸免费,在其上开发增值的广告、读者服务,这成为报业集团未来媒体的方式之一。

从新闻型媒体向服务型媒体、企业型媒体转变,成为另一个传统媒体"收费"的渠道。

2009年11月28日,中国国家通讯社——新华社与中国最大的电子商务公司阿里巴巴开始了合作,在对外的声明中,合作双方的职能是这样被定义的:根据双方的合作协议,新华社将长期跟踪研究阿里巴巴集团的发展,充分利用遍及海内外的新闻信息采集网络和强大的信息加工、处理、传输能力,为阿里巴巴集团提供包括国内外宏观信息、产业信息、政策信息、市场信息在内的各种信息服务。

具体来说,新华社将组建专业的分析师队伍和技术研发团队,开发相应的数字化分析研判系统,对阿里巴巴生成的实时海量电子商务贸易数据进行有效的储存、整理、加工和分析研判,通过新华社的渠道和新华网、"新华08"、价格监测分析报告、经济分析报告等发布平台,及时发布市场景气、中小企业景气分析和经济形势走向判断,为政府机构、经济部门以及中小企业决策提供重要参考。利用传统媒体的资源优势、专业团队的禀赋,结合企业的商业实践,通过新闻到服务的升级实现收费,这是我们看到的传统媒体转型中富于创新性的做法之一。

传统媒体拥有资源和专业性的优势,转型的关键只在于它们是否可以找到合适的"未来媒体"的定位以及准确合理地确定它们的增值服务。那么,新媒体本身除了平台效应之外,依靠单纯的媒体形式本身能不能收费呢?

很多人会说,博客或者意见集中的论坛等,这些注意力集中的地方,将是下一个金矿所在。不过,到目前为止的态势来看,博客,这种以个人意见为主的展示平台,还没有具备成为广告平台或其他增值服务的条件。**只有当"新闻"、博客、论坛等形式可以顺利而舒畅地整合为一个超市卖场的模式,利用媒体注意力赢利的模式才能真正运转起来。**

同时,在我们的免费模型中,利用客户群体的区分也是实现稳定"收费"的途径。以凤凰新媒体为例,这家试图成为中国"第五门户"的新闻类网站,定位十分精准——中国的1亿高端网民用户。这使得它可以通过更为精准的营销,直接面向

"交叉补贴"的付费方。

在新闻的收费和免费中，我们分别用了两个引号来区分于通常意义上的新闻本身。新技术进步、新的收费模式的冲击让传统媒体和新媒体都不能确定未来媒体的清晰面目：它或许是大众新闻免费、深度报道收费的平台，或许是同时涵盖报纸、杂志、网络的统一媒体，或许是走向企业，与商业策略、商业分析与资讯结合的机构媒体……这些都不得而知。

"人们不一定需要报纸，但是一定需要新闻。"《时代》周刊前主编、CNN前董事长兼CEO沃尔特·艾萨克森曾经这样说道。而我们确定的是，在"免费"浪潮冲击所有线上线下的文明交互方式时，对读者有价值的新闻、资讯和报道仍然具有价值与赢利能力。同时，服务转型和升级也是媒体的未来之路，对于这点，传统媒体和互联网都无可回避。

韩寒的质疑

"这个钱赚得太辛苦"，身为盛大文学旗下作家，韩寒对网络作家"辛苦"的感慨引人注意，"一位20多岁的作者，在起点中文网连载作品一年可以赚200万。这样的水平非常不错，相当于国内畅销书作家的收入"，但是，"我后来发现，这两年来他写了1 000万字，对我的概念就是100本书，我每本书大概10万字，如果这样写，我可以赚2亿元"，"这个钱赚得太辛苦了，我受不了"。2009年年底，身为盛大文学签约作家的韩寒这样评价网络文学的商业模式。

互联网的发展让网络文学出现并蓬勃发展起来，这对图书出版行业造成了很大冲击。不过，这些"免费"的网络文学在给图书出版造成威胁的同时，也在自身发展过程中遭遇困局。

同音乐、电影的"免费"模式升级不同，面对免费的MP3下载、电影下载，娱乐界可以依靠明星演唱会、更难替代的影院观看效果来重新撬开消费者的钱包，但图书出版行业就没有那么幸运。作为人类文明最直接、单纯的传播形式，在图书出版过程中提炼出个性化的服务并不容易。

盛大文学是中国国内第一家探索数字出版的平台化企业。2008年7月，盛大文学公司成立，它整合了起点中文网、晋江原创网、红袖添香网三家文学网站，并拥有中国历史最久的网络文学网站——榕树下的51%的控股权,成为目前中国网络文学的第一个大型平台。

网络文学本来没有商业模式,写的人多了,也便有了一种平台式的商业模式。如果追溯网络文学的起源,20世纪90年代的《第一次亲密接触》应该算是中国网络文学的起点。这部由一位网名"痞子蔡"作者写就的网络小说,最终得以出版,并成为畅销书。而现在,更多的网络作家依然在盛大文学平台上继续他们网络作家的写作生涯。

盛大文学的运营模式看上去跟苹果公司的 iTunes 十分相像:与很多有"盗版嫌疑"的电子书的免费下载网站不同,盛大文学提供原创的、时下流行小说的在线阅读,文章的前半部分免费,后半部分收费。具体来说,盛大文学与网络作者之间存在两种付酬模式:一类是按照千字20元到几百元不等的谈判价格,买断作品,作者获得固定收入,相当于盛大文学给作者支付"工资";另一种付酬方式即是以分成计算:作者和起点中文网等文学网站对半分账,如果作者每个月写作字数达到6万字,还可以每千字拿4厘一次的"完本奖励";一旦成为排行榜上的热门,作者还可以再拿到一笔额外奖金。这样计算基本上一位作者只要每天更新3 000字,并且保证稳定的读者群,每个月靠网络写作赚1万元并不难。在盛大文学近80万作者中,它们保证了近万名签约作家中有10位左右"年薪"达到百万。

同属盛大集团旗下的平台企业,盛大文学与盛大游戏模式的不同在于,在游戏里,一个道具、一个关卡的复制和传播几乎是零成本,而盛大文学每个字的更新都需要网络作家投入创作的智力成本。

那么,这"1万元"背后的精神劳动付出的代价是什么呢?诚如韩寒所说,网络作家的钱,"赚得太辛苦了"。我们看到,一位网络作者基本上要保持每天3 000字的更新,才能在收入和人气上不落后,而这个写作速度在传统出版行业来看,是非常疯狂的:在传统出版行业,一部10万字左右的书籍,留给作者的写作时间,也至少有3个月到半年的时间,而盛大文学目前人气很高的作家"我吃西红柿"(他写作的《寸芒》、《星辰变》和《盘龙》,曾经稳居盛大文学排行榜的前列),几乎以一天1万字的速度写作,在一些描述中,有些网络作家"每天至少要坐在电脑前14个小时,几乎是除了吃饭睡觉外的全部时间,"更是传统写作不可想象的。

"写作是一种很苦的劳动,不仅需要长期坚持的毅力,更需要能克服缺乏创作

灵感时饱受的心灵折磨",网络畅销书《星辰变》作者"我吃西红柿"曾经这样对媒体说道。

而这样门槛低、作者众多的写作环境造成的直接后果是,很多写手怀抱着"发财"的梦想走进这个圈子,希望自己能成为极少数的人气作家之一,实际上,七成以上的网络写手处于零收入状态,希望渺茫地等待出版。

除这种网络写作的高强度之外,盗版的侵袭是盛大文学网站的另一难题。同传统媒体的控诉一样,文学网站对搜索引擎可以"抓取"它们的网络文学作品也表示非常不满,也发起了针对谷歌和百度的声明。不过,另一种被叫做"人肉打字机"的方式令它们防不胜防:与盗版光碟类似,尽管在线阅读方式不允许拷贝,这些免费的盗版文学网站则用对着屏幕人工打字成文的方式完成了对网络文学作品的盗版。

实际上,不管艺术创作还是文学写作,在传统意义上,都是少数人从事、多数人欣赏的活动。但网络写作的低门槛、高用户数量改变了这一特征,使写作成了一种多数人创作、多数人欣赏的群体性活动:**网络作家往往被网友"追"着写,而很多网络小说的故事情节,往往还受网友评论的影响。与传统写作和图书出版相比,网络文学和数字出版展示了一种完全不同的写作方式与阅读方式。在这里,写作由个人的"作坊"模式演变成了群体的"流水线"模式,而阅读也由欣赏、品鉴变成了一种纯粹的精神快感的实现。**

在盛大文学旗下的起点中文网上,全部作品中,39.4%的作品为玄幻题材,13%为武侠仙道内容,游戏类题材占7.8%。由此看出,比之传统文学题材,网络小说给读者的体验完全不同:不追求文笔的精彩和思想立意的深刻,但求题材、情节和高速的文字更新能满足网友要求。

从作者与读者的比例上,以盛大文学为代表的网络文学平台也已经与传统写作大不相同。在传统文学写作中,写作属于少数人行为,而在盛大文学平台,则有大约80万作者,作者与读者数量比例之大,也是造成网络作家有写作压力的原因。

高强度的写作压力影响作者的持久创作能力,盗版问题又难以完全杜绝,单纯依靠千字几分钱的付费方式只能保证极少数优秀写手获得较为优厚的待遇。那么,免费之于数字出版、网络文学的意义在哪里?

其实,盛大文学平台的意义,并不在于成为文学家的摇篮。从历史来看,真正的天才作家都很少成长于任何一种既有的系统之下,文艺精品和天才的偶然性决定

了他们的产生无法由平台性的企业解决。作为中国数字出版的先行者，盛大文学的意义在于，与周边产业结合，形成一种"全阅读"的体验方式。

最近几年，盛大文学就通过与其母公司盛大集团的协作，在与传统出版业的结合及与动漫、电影等关联产业的合作中扩大收益。

盛大文学作为平台，把高人气的热门作品转向传统出版渠道，是使作者获得高回馈的方式之一。中国网络文学发源至今，已经有《第一次亲密接触》、《明朝那些事儿》、《鬼吹灯》等结集出版。其中，白话历史小说题材的《明朝那些事儿》普通版共计七册，很多读者已经在网上免费读完，但是出于喜爱，仍然购买了纸质版乃至精装版以作纪念。

而非常具备娱乐化价值的玄幻小说走上了另一条立体图书的道路：中国最早流行的玄幻小说《佣兵天下》的作者，在盛大文学旗下的起点中文网上拥有2 500万读者。《佣兵天下》最初在网上免费转载，后来在起点中文网上的付费转载，然后被出版商看中并出版成书，其中包括中国内地的出版商与中国台湾的出版商。现在，《佣兵天下》正被网络游戏公司蓝港在线开发成同名的网络游戏。而最早由网络小说改编的游戏《诛仙》也为游戏公司完美时空获得了不菲的收入。

同样，"我吃西红柿"的人气著作《星辰变》也开始进行网游的改变：2009年1月，这部玄幻题材的小说被盛大游戏部门看中，"我吃西红柿"则可以得到约100万左右的游戏改编的版权许可费。

此外，盛大文学所代表的网络文学的规模也使得这种"全阅读"有了进一步发展的可能，以旗下的起点中文网为例，截至2009年底，起点中文网签约作者达18万人左右，签约作品达20万部小说，这个数据已经逼近2006年中国图书出版的数量：22万种。其中，签约包括《鬼吹灯》在内的VIP作品为1万部，每日2000部小说同步更新。

同时，盛大文学的付费用户规模也逐渐扩大，这个逐渐增大的阅读群体为这个平台的下一步发展提供了很好的基础，其商业模式也有望日臻完善。

总体来看，传统媒体和网络文学领域，都经历了或正在经历着相同的挑战：从单一到丰富，从文化宣传到文化服务，从卖方市场到买方市场。而受益其中的自然是消费者：新文化形式的冲击迫使旧文化形式进行变革和转型，而免费则加快了并丰富了这一过程：一个多样化选择的时代到来了，一个丰富而活跃的文化世界到来了。

第十章 免费软件：江湖里的独立营

在中国，免费软件是我们所讨论的免费形式中比较特殊的一类：它异军突起，以独立之姿态立于付费软件的江湖，有人称这是破坏了产业的业态，有人称这是互联网时代软件的真正需求。软件不器，免费软件和这个产业的形态还在未来。

如果说在中国的软件公司中选出最有故事的人或者公司，那么，奇虎和它的董事长周鸿祎应该是备选之一。从20世纪末饱受争议的3721到雅虎再到奇虎，从饱受争议的"流氓软件"到与CNNIC的地址栏之争，再到如今的360安全卫士。这家公司似乎非常善于制造软件业的焦点和风潮。

2009年岁末，它又出动了。这次的动作幅度比较大：2009年10月20日，360宣布产品免费了，还要建立一个免费软件的平台。

免费软件如何收费？

2009年10月20日，奇虎公司宣布旗下的360安全卫士系列软件全部免费。当它们宣布这一举措时，台下的媒体记者开始了小声议论甚至爆出了怀疑式的窃笑：一家曾经推出"流氓软件"的公司会突然转变成网友的福音，做免费潮流的领袖吗？不过实际上，奇虎所做的，正是这样一件事。

奇虎的免费，首先当然是旗下产品360系列，这包括360安全卫士、360保险箱、360安全浏览器、360杀毒软件等，实际上，这些软件在过去的几年也一直免费，这构成了一个360安全平台。而奇虎此次的"免费宣言"对业界的冲击在于，在原本已经免费的360系列基础上，奇虎的免费软件平台扩充到了一个较为宽泛的范围：在360.cn网站上，可以看到，其他杀毒软件厂商的软件也在同时销售：金山毒霸2009、360专用版、卡巴斯基反病毒2009版等。

那么，免费软件如何收费呢？可以说，奇虎的模式，出发点类似于腾讯QQ和盛大集团的网游平台。据奇虎360提供的数据，截至2009年10月25日，360宣布全面免费之后的一周之内，便覆盖人群达2 680万人，以微弱的优势超越卡巴斯基的2 300万的覆盖人群数目，排名第四。360软件的模式在于，面向消费者的软件免费，但平台本身成为一个可以加载很多商业价值的用户群。

面向用户免费，依靠免费形成的客户群成为一个付费软件推广的平台，然后参与销售分成，这曾是奇虎360的平台策略。 2006年，卡巴斯基刚刚进入中国，为打开市场，卡巴斯基选择与安全卫士360捆绑，在360的平台上进行半年的免费杀毒软件推广。这种软件推广方式极为有效：截至2007年底，卡巴斯基拥有了8 000万用户，按照激活量来计算，卡巴斯基当时在中国市场占第一位，激活量每天达到15万次。第二年，即2008年，卡巴斯基开始在中国市场独立销售，由于"免费"期间积累的用户基础，它在当年就实现了市场占有率第二，与当时排名第一的杀毒软件瑞星已经相差甚少。

同样，2009年，奇虎360也用同样的方法帮助一家斯洛伐克的公司迅速地占领了市场。2009年9月，来自斯洛伐克的ESET nod32公司与奇虎合作，推出免费期为半年的杀毒软件，同样，免费的力量让这款软件迅速超越了曾经创造纪录的卡巴斯基，短时间内，这款杀毒软件即在国内市场排名第二。这种从对其他软件的推广中获得销售额分成的方式保证了奇虎的运营：2009年，奇虎通过对其他软件的推广获得的收入将近1亿元人民币。

捆绑销售，成为对这种模式的简单概括。而捆绑销售在商业软件领域并不陌生：20世纪90年代，微软正是用捆绑在Windows上的免费浏览器IE打开了操作系统的市场。

而提到微软，这个"前互联网时代"的IT巨头，在2009年也加入了安全软件的江湖，微软的方式，也是"免费"。**与360设想的免费软件联盟形式不同的是，微软是把安全软件的等级进行了区分：低版本免费，高版本收费。**

2009年9月底，微软宣布其免费杀毒软件MSE正式版发布，并表示，只要用户使用微软的正版Windows系统，就可以通过互联网免费下载并随时更新MSE，来抵御常见的病毒入侵。同360宣布永久免费之后的市场反应类似，正式版发布一周后，MSE的下载量突破了150万。而这个时候，正是临近微软Windows 7发布的日期——微软的"免费"被人认为是带有微软味道的营销手段。

对于MSE这种带有提高正版操作系统销售意味的产品，很多安全软件厂商不屑一顾：很多专业从事安全软件的公司认为，从技术上说，微软的这款产品几乎解决不了什么问题，无法承担防护电脑安全的重任，对微软来说，"MSE只不过是从货架上撤下来的OneCare简化版"（OneCare是微软于2004年开始推出的一款安全软件，但微软在其第二代产品Windows Live OneCare获得一定成功后，最终还是于2008年11月终止了这款安全软件的销售）。

尽管同行们都认为，微软的安全软件仍然属于其操作系统软件的附属品和开路先锋，但是微软本身的实力和集结效应却让他们不能放松。这主要体现在价格上：将免费的安全软件捆绑在Windows 7上，这相当于，在中国，用户使用正版Windows加正版微软安全软件的价格最低可到399元，而这个价格，基本等于正版杀毒软件3年的使用费。要知道，当年微软将IE附于Windows之上的捆绑几乎使浏览器领域10年的发展停滞。

我们看到，免费软件平台和软件捆绑、事实上的分级，成为免费软件的两种收费方式。不过，仔细看来，这两种方式仍然都带有捆绑的"流氓软件"意味。而更普遍的看法是，在中国，安全软件仍然是弱小而需要呵护的市场，对这样的市场来说，免费无异于灾难性的打击。那么，软件这个产业，是不是适合实行免费策略？软件可以怎样实行免费呢？

从"流氓软件"说起

我们提到，免费安全软件的"捆绑"的推广方法不禁让人将它们与曾经一度成为中国互联网热门关键字的"流氓软件"联系起来。从"流氓软件"到免费软件平台，看上去似乎是一个由"恶"而"善"的嬗变过程。

流氓软件即是通常所说的"恶意软件"，最初是指这样一种软件：它们被"悄悄"地安装在用户电脑上，且难以卸载。严重的话，会与病毒联合侵入用户电脑，收集用户的信息和隐私，或者破坏电脑程序。而周鸿祎团队开发的3721上网助手，正是被网友称做"流氓软件第一家"。1998年，周鸿祎创立3721公司。2003年11月21日，雅虎宣布1.2亿美元收购3721公司100%股份，之后，3721工具栏更名为"雅虎助手"。这种软件的"流氓"是让人无奈的：它潜入你的电脑，将地址栏占满；即使卸载掉，它依然可以自我恢复；同时，可能指向一些不安全链接，也让你的电脑处于危险状态；大量挤占内存，甚至让机器出现"蓝屏"的休克状态。

不可否认，这种"流氓软件"让用户极为反感，但是也客观上促成了一个用户基础的所在。 不过，对3721及它的创立者来说，这款软件其后的发展颇耐人寻味：2005年9月，周鸿祎创办奇虎公司，开发了360安全卫士系列。360系列并不是杀毒软件，它的主要功能侧重安全防护，包括清除恶意软件、扫描木马、修补系统漏洞等，而这款系列软件所指向的"恶意软件"，正是包括这个团队之前开发的雅虎助手——2006年7月，360安全卫士将雅虎助手列为"恶意软件"进行清理。

雅虎中国后来被阿里巴巴收购后，这款"流氓软件"的命运又发生了改变：2006年9月，阿里巴巴宣布投资1亿元继续开发和推广雅虎助手。2009年，这款具有传奇命运的"恶意软件"走到了终点——2009年1月，中国雅虎宣布，"今后唯一的核心业务将是生活服务的电子商务化"。

一款让人大伤脑筋的"流氓软件"告别了历史舞台，而它的演变也让人思考：在安全软件的江湖里，奠定用户基础的方法是不是只有"流氓软件"的方式有效？推而广之，在整个软件领域，让用户受益而同时商家保证利益的途径有哪些呢？

软件免费之后

实际上，发展至今，"流氓软件"或者是带有"流氓软件"气质的捆绑软件正变得普遍：现在，与纯粹出于"毁灭"目的的"极客"式病毒相比，在平时的互联网生活中，恶意软件、木马更为常见。它们往往有利益链条存在，那些不明指向的链接通常才是感染病毒的场所。

基于此，奇虎360在宣布永久免费之后的海量下载也就不足为奇了。因为对于大多数只是用电脑上网、打字、聊天、看电影的普通用户来说，360的"保护壳"似的预防和修补已经足够了。

不过，奇虎的规划还不止于此，它们的蓝图是建立一个免费软件的平台。2010年1月，周鸿祎联手红杉中国创始合伙人沈南鹏、高原与资本执行合伙人涂鸿川，共同启动了一项投资计划——"免费软件起飞计划"。在声明中称，该计划拟在今后3—5年内投入10亿元人民币，复制二三十家免费软件公司。通过投资、孵化、合作和收购等方式，来帮助免费软件领域的中小公司和个人作者实现事业的起飞。

实际上，现在的互联网上，免费软件已经有很多，在很多网站上，经常有合法下载的免费软件供用户使用。有的可以用来修改编辑图片，有的可以用来剪辑视频音频；功能性软件是它们的共同点。不过，在安全软件领域出现免费软件，进而形成相关的软件联盟，还是比较少见的行为。因此，有人认为，"免费"的举动对安全软件来说，打击颇大。这种观点认为，由于大家对信息隐私的重视，一般，当涉及使用杀毒软件，正版套装软件依然是大多数用户的选择：功能性软件可以盗版，因为功能上相差无几；但是杀毒软件要用正版，盗版杀毒软件就等于病毒。正是因为此，安全软件领域成为受盗版软件影响较小的软件领域。而"免费"的到来将打破这原本的平衡。除了平台可形成的用户规模的效应之外，对于那些付费软件厂商，软件免费之后通过什么收费呢？

"如果你怀疑是不是有人真愿意掏钱，我一点儿都不奇怪，因为我们往往以为我们自己代表了整个世界。"

开发其他的增值收入——这是奇虎公司给出的答案。在周鸿祎的设想里，尊重用户体验的服务总会让人们付费，对于人们究竟是不是永远固守"免费的午餐"，他的回答如上。

而具体到可以让消费者愿意付费的增值服务，奇虎提到了"安全存储"：每个服务有1%的人愿意付费，一项服务只收10元，3亿的网民基数，一个月就能收3 000万元，一年就是3.6亿元，周鸿祎的目标，正是中国互联网的"千手观音"——腾讯。他认为要"多推几个这样的服务就可以把安全市场做得更大"，"把360做成一个类似搜索引擎和即时通信软件的安全平台，或者说，一个互联网入口"。

不过，正如人们对Google曾提出的"浏览器将取代操作系统"豪言的质疑一样，人们对"安全存储"一样心存疑虑：这种类似"云计算"的存储安全吗？把钱存在银行是安全的，但是把数据交付给一个企业则是危险的。

抛开360平台未来的增值服务不谈，奇虎将360系列永久免费的"实惠"是近在眼前的：按照每套安全软件50元/年计算，如果奇虎360系列的装机数量维持在5 000万，那么一年可以为2亿用户"省掉"100亿元。当然，这样算的前提是360保持功能强劲、得到用户认可。而假设免费安全软件成功，通过增值服务收费，用户基数和市场规模都会相应增大，"一个不到10亿元的市场，可能扩大到100多亿"。

免费安全软件还在探索中，成功地隔离免费的基础平台和付费的增值服务，将是它们的关键。而在除安全软件之外的整个软件市场，"免费"带来的重要改变之一，就是软件产业从产品到服务的升级。

IBM可以说是软件产业从产品向服务升级的领导者。IBM的软件服务转型并不来自于"免费"或者盗版的冲击，而是来自它们对自身危机的认识。实际上，在应对上世纪末的公司危机中，"以客户为中心"、"随需应变"是IBM变革的主题，也催生了软件的服务升级：IBM发现，比之IBM傲慢而疏离的纯粹卖产品的做法，服务才是解决客户问题的根本途径，当然，也是更容易达成营收目标的做法。这种转变也让它们找到了更高的利润点。

在商业软件繁荣的江湖里，免费软件的出现显得它像一个与众不同的独立营。不过，免费软件不同于Linux的自由软件精神，它依然属于商业软件的范畴，扩大市场份额、抑制竞争对手的扩张仍然是它们的本性，商业手段和商业模式是它们成功的途径。

免费软件会给商业软件发展带来历史性改变吗？它会让我们的软件使用更加实惠、便捷吗？在奇虎360和它的免费软件联盟成功之前，我们最好的方式就是等待，并且享用这些免费软件。

第十一章 免费的广阔阵地：传统行业的免费试水

免费只是可以存在于互联网虚拟世界的商业模式吗？我们看到，在物质资源极大丰富、市场由卖方市场转而为买方市场的关口，已经有很多传统企业也利用"平台免费、服务收费"的免费模式来走向新的赢利大道了。

在我们前述所讨论的所有实例中，似乎互联网企业更能佐证"免费"商业模式的正确性：网络强烈的聚集效应、知识经济而导致的服务和产品的多样化、服务开发的巨大潜力等，都说明了虚拟世界里"免费"的正确性和趋势性。

那么，传统行业的情况如何？我们看到，实际上，尽管互联网让"免费"充满更多可能性，但免费本身并不只从互联网环境中内生出来。物质世界的极大丰富、商品经济的发展，告别了资源为主导的时代，这让用户，消费者成为市场中更具决定作用的一环，也让"平台免费、服务收费"的模式成为迈向新经济的必然手段。对于服务层级容易区分、调整的行业，免费已经开始了一种轻盈、新鲜的试验。在航空、金融等领域，我们看到，企业家已经敏锐地嗅到了这种气息，并在各自行业有了值得肯定的尝试。

疯狂的"免费机票"

"见过半夜起来偷菜的（SNS网站的"开心农场"游戏），没见过半夜起来抢机票的"，对近两年才兴起的"免费机票"，很多人还将信将疑。

和其他航空公司相比，亚航集团（马来西亚）是一家特别"个性"的航空公司：它的机票一般比其他的航空公司要便宜80%左右，由于坚持小成本运作，它甚至没有在各地机场租登机口，于是很多乘客只能自己拖着可自带的行李"亲自"走到飞机跟前；除了机票免费，用餐、托运行李等多数仍然是收费的……不过，这些都没有阻挡亚航短时间内成为受消费者欢迎的航空公司，也不能妨碍人们半夜起来"抢票"。

2001年，亚洲航空集团（以下简称"亚航"）首席执行官东尼·费尔南德斯与另外三位亚航的创始人，成立了图恩航空公司，之后，他们用马币1个令吉特（相当于25美分）的价格购得了濒临倒闭的亚洲航空的经营权。7年来，亚洲航空公司现已形成了包括亚洲航空（马来西亚）公司、亚洲航空（泰国）公司以及亚洲航空长途公司等4家公司、8大航运基地、65个航点、122条国内及国际航线。每周超过1.2万余架次的航班，广阔地覆盖了整个东盟地区、中国、印度、澳洲乃至欧洲等国家和地区。

与那些"大型"航空公司相比，亚航特别像个航空业的"快公司"：低成本、小规模，但满足了顾客最核心的需求。事实证明，在满足这些最基本需求之后，顾客对廉价航空公司的"苛刻要求"并没有异议：只要免费，只要航班安全、快捷，其他的"麻烦"乘客并不在乎。

那么，亚航是怎么实践"免费"的呢？有区分的低成本运作。亚洲航空是亚洲第一家也是最大的一家低成本航空公司。"低成本航空公司"，即在保证客户对航空运输最基本的安全、快捷两大原则前提下，保证上座率，对其他的增值服务进行区分销售。

首先，从成本计算的角度，亚航保持了高上座率：2008年，亚航先后在中国市场开通了广州、杭州、海口、香港、桂林航线，其中吉隆坡至广州及香港的航班在通航后不到3个月的时间内就增加了第二个航班。目前飞往中国的各条航线运营情况良好，平均客座达到70%，仅通往中国的各航线运送的旅客人数就已突破190万人次。高上座率的经济学解释非常简单：正如临近飞机起飞时候的便宜票价一样，亚航的每一个座位的边际成本非常小，增加运送一位乘客的成本仅在于增加一点儿飞行重量和办理登机牌的人工成本。这样，亚航保证了这个"基础平台"的高效、稳定。

再来看亚航的"增值服务"部分。这既包括在同一客户的需求上区分出来的"增值服务"，也包括在通过区分客户群本身而隔离出来的"增值服务"。比如，那些遭到"疯抢"的机票，机票本身价格十分低廉甚至免费，但是其他飞机上可以附带提供的飞机餐则要收费；乘客要自己付费买三明治、看电视、买免税商品等，托运行李、挑选座位也可以成为收费项目，甚至优先登机也成了可收费的"增值服务"。这些商品和服务的利润就是用以"找补"免费机票的"交叉补贴"部分。

而能保证这个基础平台稳固的，即作为一家航空公司，亚航满足了乘客对于飞行的最基本需要：安全、便捷。为降低成本，亚航提高了飞机的使用频率，25分钟的转场时间更是创造了地区最快的停站纪录。

一方面，只保留核心需求、降低成本的方式保证平台的稳固；另一方面，亚航也做了客户区分。这种区分其实基本类似于其他航空公司的头等舱、公务舱服务，只是，亚航结合了更多网络化、流程化、标准化甚至利用了无线互联网工具来打造"基础平台"，而在此之上，亚航这些"豪华"的"增值服务"增添了更多需要人工服务（这意味着更高的成本及更高的回报预期），提供了很多"自定义解决方案"给高端用户。

依靠互联网降低成本

2009年6月24日，亚航打出了"No admin fee"的牌子，开始施行"免除行政收费"的举措。这项政策在亚洲航空及长途公司实施。同时，亚航机票价格也将以全包价的形式在其网站上呈现，即所显示价格为机票＋机场税二合一的总价格。旅客也只需支付在售票系统上看到的全包价格。这一举措将使亚航的机票价格结构更加透明，也使旅客对于亚洲航空公司的收费情况更加清楚明了。同时，亚洲航空通过网络、手机等方式订票，并采用便捷的付款方式，这些比之其他"重型"航空公司都显得很"入时"。

不依靠分销系统，而依靠互联网。这是亚航降低成本的重要方法。费尔南德斯本人就是一个热衷互联网方式的人，他曾说："互联网对很多人来说是一场革命，大量的信息使世界变得更宽广，让人们有去探求和旅行的渴望。尤其对亚航这样的公司帮助更大，我们不用世界范围的分销系统，不用和旅行社合作，因为通过互联网我们可以直接与消费者沟通。"

实际上，亚洲航空并不是全球第一家施行低价航空的公司，而当费尔南德斯还未创立亚航之前，欧洲的低价航空就已经开始发展了。费尔南德斯曾说，在他创办亚航之前，就看到，在英国卢顿机场，人们"花8镑就可以从伦敦飞往巴塞罗那，7镑到巴黎"。欧洲最大的廉价航空公司瑞安航空公司就是"免费机票"的先行者之一。

34欧元，这是一张瑞安单程机票的价格。比之竞争对手，这样近乎免费的机票价格在瑞安CEO看来并不是噱头。2010年，瑞安将有50%的机舱座位是免费送出的。与其他廉价航空公司相比，瑞安的机票价格更加接近真正意义上的免费：很多廉价航空仍然收取机场税和燃油附加税，但在瑞安可以有真正的免费机票。同样，"最低限度降低客户的服务需求，对额外要求的服务收费，用差异化的客户补贴免费客户"，瑞安也是"免费"模型的实践者。2009年7月，瑞安宣布，第二季度赢利1.23亿欧元，并在7月创下了单月运输量670万的纪录，客座率保持在89%之高。

"你需要什么就为什么付钱。"所以，我们看到，在精准而有规划的区分平台与服务之后，"免费"的商业模式已经被亚航成功地变为传统行业的现实。

亚航模式有没有将消费者全部引向"廉价航空"而引起恶性竞争，破坏行业环境呢？实际上，从客户群的区分就能得到答案。对"免费机票"十分热衷的乘客，一般以个人出行居多，而大多数商务旅行的用户群，则以代理订机票的方式居多，亚航所改变的，是非常具有弹性的一部分市场。

在互联网市场，免费已经成为应用广泛的模式，如雅虎旗下的Flickr相册正是这种免费思路的实践者：向Flickr Pro级别用户收取每年25美元的年费，代价是不限制贴图数量；招聘网站也是同样的"补贴"手段：人们在网站上投简历、找工作免费，那些用人单位则要支付广告费。亚航的意义在于，它们在传统行业践行了免费。互联网行业的免费依靠的是数字化复制成本为零的优势，那么传统行业的"免费化"靠什么呢？依靠的就是对现有生产成本的深度挖掘，在富有弹性的市场找寻降低成本的可能并开发高利润的增值服务，而依靠互联网手段，成为传统行业作此转变的途径之一。

　　未来，互联网对传统行业的渗透将更为深入，这不仅意味着社会运作方式的更加便捷，更意味着在传统意义下的一些渠道和链条的瓦解，利益的消弭将带来成本的降低，进而接近"免费"，并出现免费部分与收费部分的分离。在互联网之外，免费的市场正在不断扩大，一场范围更广的免费革命正在兴起。

第四部分　免费的质疑和建议

免费是传统行业的洪水猛兽吗？免费会让我们的注意力和时间无所适从吗？关于免费，你可能还有这样的疑问。当一个崭新的时代势不可当地到来，我们最好的做法就是，了解它、"提防"它，并拥抱它。

第十二章　关于免费的八个疑问

> 这些好东西都绝不会消失，因为一切好东西都永远存在，它们只是像冰一样凝结，而有一天，会像花一样重开。
>
> ——戴望舒《偶成》

免费将人们从冷漠的工业化社会里拖拽出来，进入了一个使人充满原始的快乐，同时具备高度文明的乐园。

但是，如果说我们对免费音乐、免费电影这些娱乐形式可以自然而然地泰然处之的话，那么稍加思考，可能会对"免费"充满了疑虑和担忧：免费会降低艺术的质量吗？我们所欣赏和崇尚的美感与才智，会因为"免费"对原创力的伤害而消失吗？免费模式"横行"让很多人充满质疑。

免费会导致产品质量下降吗？

"便宜无好货"、"一分钱一分货"，日常中，人们经常用这样的思路判断商品质量。比如，如果超市的某样食品突然变为免费，那"是不是过期了"、"是不是卫生指标不合格"、"是不是得买更多东西才能换购"等，这些疑问就会让人质疑商品的质量。同样，网络世界的各种免费资源也让人存在这样的质疑。

他们的逻辑是这样的：以免费音乐为例，MP3免费下载会影响唱片公司的收入，尽管集中的下载量聚集了歌手人气，但影响歌手、音乐制作人的收入来源，进而降低他们创作的动力和积极性，因为"音乐人也要吃饭"，于是从事音乐的优秀人才逐渐减少，所以，音乐质量的下降和音乐的衰落成为必然。

但是，这个逻辑推理的假设并不能成立。这就是，唱片公司的衰落并不等于唱片业的衰落，即使唱片业衰落或者消失，也绝不代表音乐这种艺术形式的衰落，也不会导致音乐的"堕落"。从音乐的历史来看，音乐商业化持续的时间要短得多。从人类历史有记载以来，几乎就有音乐的存在，而包括唱片业在内的音乐"版权化"过程，还只是自18世纪知识产权概念问世以来的工业社会产品。

与一般商品不同，作为音乐、电影、书籍等艺术形式，它们的价值不能单以货币价格为衡量标准，而优秀作品的创作源泉，也不是来源于商业利益的激励。从这个角度来讲，互联网世界里免费的文艺实际上为更纯粹的艺术创作提供了一个环境：由于缺乏单一价格的衡量，更多诸如创作的快乐、作品完成的成就感、与他人交流互动的兴奋和获得肯定的满足感成为文艺作品重要的附加值，使得经历这样一番"免费"洗礼的创作者更加具有艺术创作的纯粹。实际上，当价格区分消失，唯一左右消费者选择的就是产品和服务的质量，成熟的免费模式不会降低产品质量，相反，会让产品更加优质。

而我们如果再把目光转向网游产业，免费不仅没有降低整体水准，反而对产品、服务进行了低质化的清洗，这样的观点依然能得到印证。2005年底，盛大网游开始将网游免费，作为当时中国最大的网游公司，这一举措引起行业内不小的震动。除了对企业未来商业模式的转型考虑，抵制私服也是当初盛大免费转型的重要原因（私服一直是网游公司的大敌，消费者可以通过私服来轻易地达到较高的级别。同时，私服出售各种可以升级的"道具"，也跟网游公司形成了利益冲突）。免费转型后，相当于网游公司把这种"非正常"升级的方式正常化和商业化了。而克里斯·安德森在《免费：商业的未来》中所举的马戏团上传视频到 YouTube 的案例也具有启发性：比之"偷偷摸摸"的、盗版的、低质量的视频，马戏团干脆把自己用专业手法拍摄的表演录像上传，一举斩断了盗版录像的财路。

持续、主动地将普遍需要的服务免费化，进而开发更高级、更高水准的产品和服务，这不会降低免费环境下商品的质量，相反是一种扬鞭自策的进步动力。

不过，从现实操作的角度来说，免费确实对一些文艺作品的高品质完成形成了冲击：例如，职业作家因为免费电子书的存在而得不到正常的收入，就会影响作品的质量；而免费电影的存在也确实影响到电影票房，从而影响大制作影片的投入（不过，实际上这种情况比较少见，由于数码技术的进步，越来越多的人选择去影院观看视觉效果震撼的数字版电影。但这对那些庞大制作但缺乏数字电影"法宝"的影片有一定冲击）。此外，尽管消除了价格差异，但由于注意力经济的存在，那些水平低下，但是赚人眼球的作品仍能获得不错的市场反应，从而影响到其他创作者的积极性。**这就涉及另一个有关艺术本身与产业的问题：产业需要为艺术精品的产生负责吗？产业的发展需要为艺术的水平负责吗？**

"为多数人创造饭碗的产业解决不了天才的饭碗"。不可回避的是，从艺术历史来看，人类文明中几乎所有伟大作品都是在"艺术产业"之外产生。很多创作出传世精品的艺术大师，其个人生活往往是穷困潦倒、曲折坎坷。唱片业的繁荣造就了诸如迈克尔·杰克逊一样光彩夺目的巨星，但艺术精品和艺术产业的关系没有发生变化。产业的普遍性和伟大艺术家、伟大艺术作品的偶然性决定了以"下里巴人"为主流的艺术产业难以对"阳春白雪"的、代表一个时代艺术水准的文艺精品负责。

实际上，在互联网的免费世界，由于长尾效应，不同水准、面向不同受众的艺术形式得到了很好的区分，"阳春白雪"和"下里巴人"都能在网络的传播和聚合作用下精准地定位用户所在。"三个臭皮匠，胜过诸葛亮"，贫瘠、单一的艺术发展状况当然不能产生艺术的真正繁荣，而在免费时代，在"臭皮匠"越来越多的世界，"诸葛亮"的出现机会也会增大，就为艺术的全面繁荣创造了条件。

免费会令盗版猖獗吗？

在互联网的影响力还未如此强大之前，盗版光盘就已经成为唱片业的烦心事了——在中国，5块钱一张的盗版光盘的质量并没有因为价格的低廉而格外低劣，这对正版光盘造成了沉重打击。而当数字技术越来越发达，盗版光盘的模式变得不够迅速了，视频网站、BT下载网站是更快、更低廉的方式：因为他们是免费的。不过同时，他们也总与"盗版"之名牵扯不清：BT网站的盗版嫌疑自不必说，对视频行业而言，尽管很多视频网站宣称已经获得正当版权，但即使是在它们保证"基本正版"的情况下，也无法保证用户自行上传版权情况不明的影视产品。于是，影视行业人员控诉这些网站的盗版行为，并认为，是免费让盗版更加猖獗。

不仅是视频网站，搜索引擎也难以避免"盗版产业链"的牵连。2009年11月，关于Google数字图书馆的争论引起人们关注：Google"作恶"了。在Google的这项数字图书馆计划中，一个试图将所有现存文字图书都纳入这个图书馆的美丽愿景遭到了传统出版商和作者的一些反对。在这项计划中，Google将给每位作者60美元/本的一次性版权费用支付，如果读者阅读，阅读费用的收费将由Google和作者进行利益分成。

尽管Google没有行盗版之举，但这种对书籍的地毯式扫描可能让传统出版商和作者原本拥有的利益几近于无。

在关于免费模式的讨论中，版权问题往往被认为是免费的"原罪"。大量的免费音乐、电影、电视剧、电子书等，让搜索引擎、BT网站、各种论坛和社区，总被这些作品版权所有者"追债"。互联网公司往往以百米冲刺的速度向前扩展，而出版商和唱片公司、电影制作公司则以马拉松式的精神在后面追讨版权费。

在Web2.0时代，如何界定版权？如何让版权以一种高效而不是拉锯战的形式起到对作品应有的保护作用？如何在免费时代创造性地提升产品和服务的价值？

"让创新保密是使创新者获得激励的有效方式"，知识产权和专利的由来，正是出于对创作者的保护和支持。然而，随着现代技术的发展，尤其是计算机和互联网发展带来的一系列改变，使这样一个问题浮现出来：知识产权的过度保护。这可以从Linux及自由软件运动的初衷了解到：软件的开发本来就是一项结合了前人劳动成果并在此基础上实行群体性、有继承性的合作和互助。而软件商业化、软件的版权让这种自然的技术合作和传承受阻：尽管商业软件的用户体验优于Linux操作系统软件，但bug的数量也同样有目共睹。正如一架结构复杂的庞大机器，自由软件做的是，让感兴趣的人自由拆卸，并在此基础上改装成个性化需求的其他机器供人使用，而商业软件则是把这台机器用保护膜封闭起来，并在每个零部件上贴上自己的商标。从这个角度来说，免费时代知识产权的界定还有待探索。

实际上，抛开互联网时代知识产权是否存在过度保护的问题不谈，即使是"正当保护"，版权所有者要想追上互联网创新的速度，也是极为困难的。以Google图书馆为例，如果全世界所有作者排队与Google打官司，那么等到大部分作者可以得到"一个说法"的时候,律师费的支付总额估计也已经超过了图书版权费的所得。

况且,仅就合法支付了版权费的一些网站来说,它们所能给予著作人或者公司的利益分成,也远远不能维持在传统出版行业状况下的运营——依靠版权生存,已经不是可持续发展的道路。

产品有版权,但服务没有版权。所以,相比抱住版权不放,从产品到服务的升级才是版权所有者充分利用资源的机会。而未来,普通用户也可以用金钱之外的交换物与版权一类的资源标志进行交换,比如可以用才智、时间来与未来的"版权"进行交换等,避免"盗版"之名。

免费会令专业人士失业吗?

如果你留心一下自己经常浏览的网站,就会发现,大概自 YouTube 面市以来,Web2.0 式的娱乐形式和交流形式越来越多了:视频网站、SNS 网站,Flickr 甚至 Twitter。你会发现,在这些网站上,那些由非专业人士创作的视频、照片很受欢迎,当然也是免费的。

于是,以新闻行业为例,在这样一个全民娱乐、全民记者的时代,专业人士似乎被边缘化了。而这种趋势在中国似乎更加明显:由于互联网和传统媒体的特殊关系,在新闻事件传播方面,互联网似乎比传统媒体有更少的限制。与国外传统媒体在先、互联网作为补充和扩展的顺序不同,在中国,很多时候,由"全民记者"带来的消息往往还比传统媒体速度更快、角度更加锐利和直接。

"我现在只看门户网站的新闻,很少看杂志媒体的报道了",我经常听身边的朋友这样说。

如果说,对于音乐、电影、书籍等,还可以走向服务升级、个性化服务来换回产业的中兴话,那么这条路对新闻行业来说显得不太实际:对同一个新闻事实来说,很难包装出适合不同用户的"新闻包"(而只能止于 RSS 式的订阅模式),一旦包装成功了,那反而是新闻事业偏离真实的堕落。

而对专业人士来说更为严峻的事实是,很多时候,人们并不需要资深、专业的分析来辅助,甚至不需要完整、准确的信息。在《注意力经济》一章中,我们提到过一位诺贝尔经济学奖获得者——赫伯特·西蒙，他最早预见了注意力短缺的问题。同时，西蒙提出了一个"有限理性"的议题：人们选择某种商品或者服务，并不取决于是否作出了"利益最大化"的选择，人们作出的第一选择是"足够好"而不是"最好"。人们的理性是有限的。这就可以解释为什么当专业人士的评论远去，来自陌生网友的建议依然可以影响和指导你的日常选择。

那么，免费会令专业人士失业吗？人们在自产自销的娱乐和新闻之外，真的不需要深入、准确、专业的分析报道吗？

2009年12月8日，《华尔街日报》中文网刊登了一篇鲁伯特·默多克评论新闻行业走向的文章，作为新闻集团董事长兼首席执行官，尽管这位自称"数字移民"的新闻"老人"在对Google等"数字原住民"的不依不饶中表现出了少许的焦虑，但对新闻事业的前途，他还是充满信心。在美国联邦贸易委员会新闻与好莱坞研讨会上，他说，报纸业的衰落与繁荣，始终跟一个因素有关，那就是"代表读者利益、为读者提供对他们重要的新闻而赢得的一种信任——即报道他们所生活的社区，揭露政府或企业的腐败，并无所畏惧地面对有钱有势的人"。他认为，目前，新闻机构的衰落是因为"编辑们是在为自己做新闻，而不是做对他们的客户来说有意义的新闻"。

在默多克的价值评判里，专业人士仍然必不可少，他们的价值仍然不可或缺："在新的商业模式中，我们将向用户收取网站新闻的费用"，"优质内容不是免费的"。

正如默多克所说，我们看到，尽管"全民记者"式的新闻形式可以在时效性、全面性方面更胜一筹，但是，不可否认，专业媒体和专业人士提供的真正具有价值、具有深度的分析和报道，仍然在形成人们的根本观点和作出重要决定时有关键作用。与其说传统媒体在免费模式前风光不再，不如说是传统媒体输给了科技发展带来的人类心智开阔的速度。只要有价值，免费并不是传统媒体的大敌。而对于两者究竟谁能取胜的问题，更可能的结局正如商业软件和自由软件的不同功能定位一样，专业人士和非专业人士，传统媒体和"全民媒体"，两者互为补充，相得益彰。

用户会习惯免费而导致无法收费吗?

在我们全书所述的"免费"模式中,免费和收费是不同阶段或者面向不同群体的但又统一于完整的"免费模式"中的组成部分。换言之,在免费时代,不是纯粹的免费的午餐,而是收费的方式和整个市场的描述方式发生了变化。那么,会不会出现这样的情况,来给我们的模式"捣乱":用户习惯了免费,导致无法收费?

"互联网产业整体还在培育期,不能用'免费'来伤害它",经常有互联网业内人士存有这样的担心:用户习惯了免费,等到"产业成熟"、需要收费的时候怎么办?他们认为,厂商的免费行为会把用户惯坏,从而毁掉这个产业。不过这种疑问随着中国一些"免费"企业的成功而逐渐减少:用户习惯不会因为商家的"培养"和"教育"而改变。事实证明,希望"教育"用户的企业最终反而被市场"教育"。他们最好的方式,就是适应这种用户习惯并创造出新的商业模式。

在免费模式中,我们看到"基础平台+增值服务"的模式是目前为止很多成功的平台企业共同的商业模式。基础平台免费,增值服务收费,这是对免费模式的简洁概括。但是,如何区分开基础平台和增值服务,如何在合适的分界点进行收费?

通常来讲,在两种情况下,收费令人难以接受:一是原来免费的商品突然收费;二是原来收费的商品突然有了免费的竞争者。

2003年,当阿里巴巴公司将淘宝推向市场时,eBay仍然是中国C2C市场上的冠军。不同的是,eBay收费,淘宝免费,并把承诺的免费截止日期从2005年一直推迟到现在。尽管后来eBay在中国市场的节节败退有多种原因,但是,收费与免费的分界线无疑是最重要的一点。2000年,腾讯公司也曾试图通过收费来获得稳定收入,但最终"悬崖勒马"。这些实例都表明,尽管同一家公司在国外地区可能通过收费取得成功,但是在中国,往往会遭遇更残酷和严峻的"免费"现实:一旦出现免费的、产品服务差异不大的同类厂商,用户的"逃跑"速度是可怕的。

而同时,平台企业能够吸引用户,不被"免费"的竞争对手击溃的实例也存在。当Google的免费Gmail邮箱推出之时,雅虎曾经为此紧张。要知道,即使是付费的雅虎邮箱高级用户的邮箱容量也不过是100M左右,而Google推出的Gmail竟然达到G级别,这让雅虎高层感觉仿佛如临大敌。他们当即决定,投资近千万美元来添置新的服务器,以应对Google的Gmail。不过后来的事实证明,尽管Gmail功能强大，但雅虎实际上并没有损失掉几个付费用户：大多数用户表示，尽管高达 G 级别的邮箱很好，但他们觉得只要 100M 就够了，不用迁移到免费的 Gmail 上去。

从以上几个实例中我们看到，免费并不是用户的"恶习"，不变的真理是：只要提供具有足够价值并且差异化、个性化的服务，用户是愿意购买产品和服务的，甚至以超出产品服务本身的价格。

免费经济的群体性会让个性经济失去个性吗？

互联网经济是一种知识经济，当我们探讨免费问题，关于免费文艺的问题会被更多地关注。在我们所讨论的免费模式中，群体性是免费平台的一个特点，"基础平台"本身就是一个人群密集的图景，很多应用，正是因为"人多"、用户数量大而变得有意义、不可或缺。比如电子商务平台和即时通信平台。但同时，一种担心也随之出现：那些依靠免费的网络环境，依靠长尾效应被小众人群欣赏的个性文艺、个性经济会因此失去个性吗？

在探讨免费音乐时，我们谈到了歌手陈绮贞的实例。2009 年 11 月 7 日，这位台湾歌手成功地举办了她在北京的第二场演唱会，2008 年，她以在北京的首场演唱会打开了在中国内地的小众市场。对于这位女歌手的演唱风格，很多喜欢她曲风的粉丝担忧：他们喜欢陈绮贞音乐里的自我、真性情，但是正如围炉夜话不适合公开演讲一样，这种讲述风格的音乐适合在体育馆开动辄万人级别的演唱会吗？

当然，后来的事实证明，陈绮贞和她的团队成功地处理了这种"小音乐"放到"大场合"的落差，使演唱会现场充满谈心式的温馨和共鸣。不过，同时有乐评人表示，在成功的由"小众"走向"大众"之后，陈绮贞音乐创作的乏力也开始显现。

由于小众音乐无心插柳柳成荫的成功，商业化成为紧随其后的谄媚者。从只被少数人在网络间推荐，到演唱会门票可以在一下午时间内告罄，这种潜在而可怕的商业能力的爆发，很难逃出商业化的五指山。"免费"瓦解了传统的资源配置模式，使很多在工业化大规模生产状态下难以被欣赏的文艺作品被更多人发现，但是同时又不可避免新一轮商业化的侵袭和考验。

音乐人丁薇曾经在一个访谈节目中表示，"真正的音乐最好由慈善家来做"。如她所说，从唱片时代卡拉 OK 模式对正统音乐的冲击，到 MP3 下载而导致的流行音乐的困境，都折射了音乐创作人在面对商业化冲击时的无力。

回到我们最初的问题，其实，比起"免费"商业模式的提出，"个性经济"、"小众经济"似乎是更早的对于互联网经济的观察，只是免费模式比之后两者，成为更成功的商业模式。"个性"、"小众"并不意味着不同常人的特别，只是表示，在计算机和互联网技术能达到的情况下，个体又从工业化时代千篇一律的模子里解放出来，重新回到具有个性的时代。当这种个性化用以描述一般的产品和服务时，商业化对个性经济的冲击还不明显，因为处于工具性产品和服务的商品，其个性化都止于定制化和组装。但是，互联网知识经济与传统经济的不同在于，它关涉了更多主观感受、情绪等的因素。

也许，这种个性与群体，商业化与纯粹文艺正是要在矛盾中求得发展，会在一种制衡中获得各自位置。而免费能提供它们的一切，就是广范围的自由感知，而这几乎是一切知识、文艺得以繁荣的先决条件。

免费会加重信息爆炸吗？

免费是否会加重信息爆炸，让人们面对大量信息时的选择变得更难？这恐怕是我们这几个疑问当中为数不多的、可以回答"是"的问题。

免费使得人们产生信息、接受信息、传播信息的成本降低，相应地，信息爆炸变得更加严重。随之而来的问题是，甄别、利用这些信息变得更加困难。

20世纪90年代，在中国，当互联网还是一小部分发烧友的聚集地时，提起互联网，人们的表情大多还是，"你从网上看到的呀，真时尚"，而现在则会变成，"你从网上看到的啊，不靠谱"。这种印象的转变反映了互联网在中国社会角色的变更：随着网民数量从几百万到超过3亿，网络作为"环境"比网络作为一种"工具"的意味更浓，而比之20世纪90年代人们给予一种"时代先锋"式的信仰相比，现在用"良莠不齐"来形容它的越来越多。

更糟糕的是，作为营销手段的信息业已经兴起，在信息爆炸的时代更增加了信息真实性辨别的困难。诸如"网络推手"、"网络黑社会"等的组织和团体的出现，就扭曲了信息的真实，这些本质上是广告的营销和"反营销"形式，比广告本身更可怕的是，它让你不知晓它是广告而是作为信息来接受。

正如工业社会发展到现在，物质生活极大丰富一样，信息社会的快速发展，也使得信息社会的商品——信息也变得极为丰富而泛滥。它依附于这样一个大背景：当它还是一个工具时，我们可以评判它的好坏优劣，而当它已经浸润到生活的每一个角落，已经成为现实生活的真实映照时，我们已经无法评判它，因为，这就是网络，这就是生活和社会本身。

不过，信息爆炸本身预示了下一轮互联网机会的所在：信息的甄别、选择和组合。正如现实社会在物质丰富而泛滥的情况下出现的各种危机和思索一样，当网络社会因免费的力量走向了物质丰富、信息爆炸的时代，它的下一个发展阶段必将迅速到来。

免费会令渠道消亡吗？

如果说免费是一场瓦解和解放运动的话，那么渠道和工具型企业应该是被"革命"程度最深的对象，或者说，新的渠道企业就要出现了。

我们这里说的"渠道"这个词最初来源于IT制造和分销行业。中国第一PC厂商联想，在20世纪80年代末90年代初，正是凭借其强大的渠道、分销系统在PC时代的竞争中拔得头筹。广义上理解，在互联网时代中处于平台企业和消费者之间的企业仍然可以算做渠道型企业。我们看到，在免费模式下，这些"渠道"的挣扎：免费音乐让唱片公司等被边缘化了，对音乐的消费更多地成为消费者和运营商、消费者和搜索引擎、消费者和音乐网站、音乐商店（如iTunes）之间的交易；免费的电子书也让传统出版行业感受危机重重，书籍的阅读，甚至是传统书籍（非网络小说）的消费都更多地成为网站和消费者之间的直接交易。渠道在资源匮乏时代的重要性已经逐渐被互联网带来的利益平摊、暴利瓦解所冲淡，内容本身以及围绕内容衍生的增值服务成为离消费者越来越接近的对象。

同时，抛开互联网行业来看，在IT行业，渠道的位置也正经历一场奇妙的演变：很多IT厂商，已经初步拥有自己的B2B、B2C系统，加之电子商务网站的存在，信息革命带来的渠道演变、成本降低越来越明显。

那么，渠道要消失了吗？或者说，免费时代，互联网新经济时代，渠道应该是什么样子？回答是，正如我们前述所说，随着信息膨胀，信息的择取极有可能成为下一轮互联网的机会所在。而围绕平台所进行的开发、增值服务打包、组合正是新渠道的方向所在。

免费会削弱责任感吗？

从2008年开始，网络监管突然成为一个热点话题。网络扫黄、网络实名制等，都应景而生。政府部门认为：免费和网络的非实名制造成了人们网络责任感的淡漠，网络监管势在必行。

在这些问题中，人肉搜索是一个比较值得探讨的问题。2008年，有这样一个实例引人深思：一位网友在论坛上曝出自己的好友因其丈夫有外遇而导致好友精神崩溃并最终以自杀结束自己的生命。这之后，无数不相关的网友形成了一股"追打负心人"的自发活动：充斥那个论坛的道德谴责，对真实当事人的人身攻击，甚至有网友亲自找到当事人的家里，进行武力威胁，都影响到了当事人的正常生活。

表面看去，这与我们所说的商业模式相去甚远，这和"免费"无关。不过，针对"人肉搜索"类的群体行为，有网友的评论给这两者建立了一个联系：如果对论坛发帖进行收费，那么哪怕一条帖子一毛钱就能封掉很多人的嘴，也就能避免很多无聊甚至有伤害性的行为。

由此，我们看到了免费招致的另一种责难：浪费和不负责任。"我们在网上闲逛，造成的每一次搜索、每一条口水帖、每一个纯表情来回来去的回复、每一次等着时间显示的偷菜、种菜，这些都通过Google和各大论坛的服务器产生了二氧化碳，恶化了环境"——有人这样"物理化"免费互联网的"危害"。从环境保护的角度，我们能给免费找到这样有口难辩的负面效应，而除去环境污染，免费，或者免费的互联网所造成了时间浪费、青少年的沉迷、责任感的淡化、对现实世界的疏离是它受到的更大的责难。

2009年下半年，"网瘾"问题成为社会关注的焦点。而在吸引青少年甚至导致成瘾的因素中，网游一直是众多家长的控诉所在。如很多分析所言，"免费网游比收费网游更甚"。在免费网游中，由于基础游戏免费，但想要更快地升级，获得游戏的快感，必须购买道具。这一点对非理性玩家的影响是显著的：很多时候，一个月花费几万块钱购买道具甚至花钱雇人帮自己升级是常见的现象；区分服务层级的网游变成另一个金钱做主的贪婪世界，这成为免费网游，这个天才而残忍的商业模式的道德软肋。

当然，问题的根本绝不在于网游模式本身。深入来看，青少年或者所有对网游达到非理性沉迷程度的人，缺乏真正能吸引他们的现实世界的活动，才是无数"网瘾患者"奔向虚拟世界的根本原因。

实际上，"免费"所面对的责难正是互联网本身所面对的困境。网络游戏、社区交友都存在潜在的道德谴责问题，而改善和解决这些问题，则要依靠商业模式之外，整个互联网环境的改善和理性化。从这个角度来说，从免费的互联网到人类的另一个乐园，之间还有很长的路要走。

第十三章 如何利用免费：免费的七条建议

免费的意义不在于它抹平了差异，而在于带来了更多可能性：如果你是商家，仍然需要依靠出色的客户体验和价值实现财富积累；如果你是普通的互联网用户，仍然需要依靠自己的智慧来判断和甄别有用的信息，并改变自己的生活方式。

免费时代到来，在我们所解析的免费模式中，"基础平台免费、增值服务收费"是免费的商业模式，交叉补贴、客户区分是免费最直接的结构解释，双边市场是免费的经济学解释，长尾和众包可以看做是免费的组织结构，而告别产品的单一思维，转向服务升级，则是免费时代的企业对策。

不过，具体到企业实践，有哪些细节是在免费时代应该注意的呢？如果你是个免费的受益者——一名普通的消费者，在免费时代我们要注意哪些看上去很美的陷阱呢？

如果你拥有一家企业，更多数时候，是互联网企业，下面的分析也许有用。

技巧很多，但价值仍然是关键

在这本书的开始部分，我们曾经比较过 Google 和 Overture 两家公司。在

Google 可以成为互联网新领袖之时，Overture 也有同样的机会。只是 Overture 认为单纯的技术手段难以解决恶意链接的难题，提倡用纯商业的方式解决；而 Google 则倾向于智能搜索。最终，颇具理想主义色彩的 Google 战胜了 Overture，成为互联网时代的新领袖。很多媒体评价：这是技术战胜了商业。而站在更确切的角度说，这是价值战胜了商业。

正如我们初次接触"免费"模式时对它的理解一样，在我们把它理解为一种商业模式之前，它经常被当做一种"鱼死网破"式的竞争手段：用免费获得市场份额，或者说，用免费将竞争对手赶出市场。但是，这种舍本逐末的方式往往"好景不长"：互联网时代的消费者体验的反馈十分迅速，以技巧短暂取胜的公司往往经受不住"价值"的长期考验。

"免费"的诱惑确实吸引了最初的大部分消费者，也引起了商业模式的震荡，但是，需要明晰的是，消费者的持久选择并不源于"免费"，而是基于"价值"。在比较、评价很多同类型的中外互联网公司时，人们往往这样为那些国外公司"惋惜"：中国互联网公司的"免费"挤走了这些具有原创精神的优秀公司，比如 eBay，比如 Facebook，比如 MSN，甚至在中国市场份额仍较小的 Google。

客观来看，这些跨国公司的本土化失利，有来自本土经营环境的各种原因。免费，大多数情况下不是根本缘由。打败这些公司在中国市场的不是如"强盗"般的免费，而它们的退出或者弱势也并不是因为"绅士"般的收费。当然，剔除免费的 Google、MSN，剔除本土公司发展的固有优势，即使是同样免费的同类型公司，我们看到，"价值"仍然是决定一个公司长远发展的关键。

2003 年，淘宝问世，由于其免费，很快便吸引了众多用户，包括原来在 eBay 平台的用户，但是几年的实践也充分证明，淘宝网的购物体验更加符合中国电子商务用户的使用习惯，而其母公司阿里巴巴集团通过电子商务平台对中小企业的扶持和整个业态的支撑，也帮助促进了中国电子商务的发展。

"为什么修改不了主页？"如果你在 Google 里键入如上的关键词，那么最终的搜索结果仍然会将你引向百度，或者腾讯的"问问"专区——中国本土公司更了解这些看似"笨笨的"问题对于用户的实用性。

在免费时代，价值的决定性作用将更加突出。因为，当价格的区分工具消失，产品和服务的本质——价值，就成为消费者判断的唯一标准。**免费模式是商业模式**

的革命，但是也只是商业模式的革命。

利用长尾实现个性化服务

2006年，美国《连线》杂志前主编克里斯·安德森出版了《长尾理论》一书，在书中，"长尾理论"一词被首次用来解释互联网的供需关系的变化。安德森从一家数字音乐公司的销售情况获得灵感：在这家音乐公司的销售收入中，那些排名在100位之后的歌曲占了很大部分；而来自亚马逊的数据也说明，在亚马逊网络书店的销售中，居然有1/4来自排名10万以后的书籍——不管多么没有名气，只要生产，就有人买。这彻底颠覆了传统经济学中"20%的人掌握80%的财富"的"二八法则"。

那么，"免费"的到来给长尾的实现提供了哪些有利条件呢？

首先，免费让长尾用户的消费意愿更加稳定。**我们看到，价格的消除让用户达到了对于自己喜好进行选择的自由境地，而在这个时候选择所谓"冷门"产品的消费者，对"冷门"产品的忠实度是比较高的，为"免费"之后的"收费"创造了条件。**

在前述的讨论中，我们提到了这个网站：豆瓣网。豆瓣网与其他社区性网站的区别就在于，它以最简单的方式、成本最小的管理方式，实现了一个文艺气质浓厚的分享长尾。在这里，很多脱离于所谓畅销书范畴的好书、"磨脑子"的书拥有很高的人气；很多地下音乐、小众音乐成为每周关注的头几名；很多小众的非商业电影，也能在豆瓣上迅速推广开来。这种"令人感兴趣"的"冷门"是可怕的：尽管分散看来，这个群体并不大，但是这个长长的长尾却有很强的消费能力和极稳定的消费意愿。从陈绮贞音乐会的火热抢票可见一斑。

其次，免费解决了长尾的管理成本。在长尾理论模型中，保证成本不随产品销售量的增加而增加是实现长尾理论的条件。在互联网时代，这个条件显然是容易满足的：数字产品的复制和传播的成本几乎为零。但是，营销和宣传成本仍然不可避免。免费模式很大程度上解决了这个问题：免费给所有用户开辟了自由的评价和选择的通道，用消费者的体验本身取代了传统的营销和推广成本。仍然是拿豆瓣上的小众音乐为例，这些唱作人和唱片公司并没有作规模宣传，在消费者一边体验、一边口碑传播中完成了传统渠道下耗资不菲的商业过程。

再推而广之,搜索引擎的算法本身,即是对这一点最恰当的说明:我们通过搜索引擎寻找的,正是其他大多数人认为"正确的"和"合适的",Google本身没有做这样的工作——这项庞大的工作由使用Google免费搜索服务的数亿网民完成了,用他们的搜索行为完成的。

明确基础平台与增值服务的界限

免费平台的收费问题,归根结底就是基础平台与增值服务的区分问题。那么,从企业的角度,怎么恰当地分离基础平台和增值服务呢?

大多数用户难以舍弃的产品和服务可以成为基础平台。为什么我们不定义为"大多数用户都需要的产品"而是"大多数用户难以舍弃的产品"呢?这是因为,直到今天,互联网的关键应用的出现还都超前于普通大众的想象:在ICQ和QQ问世之前,我们并不知道与好友沟通,甚至与陌生人搭话,可以采用这样一种形式;在Google问世之前,我们也不知道互联网可以给予用户几乎搜索一切的自由;在Twitter出现之前,我们也不知道所谓"天涯共此时"的互联网含义。更多时候,用户的需求需要互联网企业的创新来引导和激发。

而一旦这种需求被广大用户接受为"难以舍弃"的产品和服务时,它就成为基础平台式的公共设施,不能作为增值服务收费了。比如,现在,QQ聊天工具已经成为中国大多数网民的沟通方式之一,很多人已经把自己的QQ号作为除电话、邮箱、手机之外的处于第四位的联系方式,甚至,很多时候,QQ的重要性要超过前三者——中国人较为内敛的性格使得用QQ沟通变得更为普遍。在这种情况下,假如腾讯公司将QQ收费,则会丧失其多年积累的用户平台。曾经有这样一个调查,"如果QQ聊天开始包月收费,你会怎么办?"结果是:近六成的用户选择"不用了,改用MSN。"——尽管多年未变的QQ号让很多用户觉得QQ已经难以舍弃,但一旦对这个基础平台开始收费,用户会发现,"难以舍弃"的东西在付费面前立刻变成"可以舍弃"了。

在它之上,用户有充分选择权的平台可以作为基础平台。我们再来看阿里巴巴电子商务平台的案例。假如淘宝网退后一步,即不是将面向所有用户的C2C服务作为基础平台,而各啬地将只能浏览、不能进行询价、买卖的"逛网店"行为作为基础平台，那么，在这个基础平台之上，用户只有两种选择：付费去进行你有意向的交易，或者离开。这样，用户在这个基础平台上还没有感受到一旦付费可能带来的丰富性和优先权，就已经失去了作出选择的可能性。而淘宝网实际的做法则比我们这个假象丰富得多：淘宝网延续了头3年"免费期"的承诺，并且，至今仍然坚持免费的淘宝网实际上已经给出了用户极为丰富的付费选择。比如，针对卖家，有各种定期的推广活动，这些活动的参与权要通过付费得来，但是收益也是明显的：比之免费的卖家，付费卖家有更多推广的时间和渠道，可以在面向所有用户的推荐中占有优势。

　　基础平台和增值服务可以互相转化吗？据我们的观察是，增值服务在技术进步、消费者需求变化的时候可以转变为免费的基础平台，但是，基础平台不能直接转化为增值服务。我们仍然以淘宝网的例子来说明：淘宝网的"免费期"已经从2003年建站伊始的3年延续至今。那么，淘宝网的下一步策略可能会是将这个聚集了中国大约超过1亿用户的平台直接收费吗？用通俗的话来比喻，是将一头养大的牛直接宰杀吗？从中国互联网十多年发展的实践来看，在电子商务平台，开拓商品、资金、物流、广告等的产业链的增值服务，才是解决之道。比之宰杀一头牛换得一顿美餐，更环保经济的做法是让它去耕地，换得多年的劳动力。

　　为什么我们格外强调基础平台和增值服务两者之间的界限呢？因为，两者的界限一旦混淆，不仅会造成营收的困难，还会对企业本身有巨大伤害。人们接受广告，但在不知道它是广告的条件下接受一则广告的感觉是糟糕的。

　　2008年10月，百度"竞价排名"事件先后被中央电视台、各大网站等媒体曝光。这起由"毒奶粉"事件引发的对于搜索引擎模式的探讨，意味深远。在当时百度的搜索系统中，竞价排名占到了百度收入的绝大部分，而所谓的竞价排名即是，当用户搜索一个商品时，出现在头几条的是百度的广告客户，自然搜索而成的搜索结果则会被推后几位。尽管在这些广告客户的网站链接上标有"推广"的字样，但普通用户并不知道这样简单标识的意义所在。在涉及食品安全、医疗安全等关乎消费者身体健康的商品时，这种竞价排名的危害立刻凸显出来——竞价排名风波的产生即是因为百度涉及对其广告客户不利评论的人工干涉。

　　在这里，百度犯的错误，概括起来，就是模糊了基础平台与增值服务的楚河汉界。搜索引擎的基础平台，在于为用户提供无人工干涉的自然搜索结果，而根植于其上的广告业务，不能与正常的基础平台混淆。从这个意义上讲，保持平台的纯洁性，严格地区分基础平台和增值服务的界限，是一个平台健康成长的条件。

利用微支付

《中国国家地理》是一本面向地理爱好者的图文杂志。它的读者涵盖从事各行各业工作的地理爱好者。面对数字化的"免费"冲击，《中国国家地理》可以说是受影响较小的媒体：比之网络较为注重图片的视觉刺激的特征，它的读者更欣赏能将美图拿在手中把玩的感觉。

2007年，这家杂志开始试水移动互联网领域：开通手机报业务，订阅价格为每月8元，一个月的花费相当于一本杂志的价格。除去需要支付运营商的利益分成之外，手机报的"微支付"收入仍然是《中国国家地理》中投入小、收入大的一部分。当这种支付具有一定规模时，微支付的效益就变得更为明显：据了解，《中国国家地理》的手机报用户已经超过50万。

同样，我们回顾腾讯公司在上世纪末的发展过程，相似的是，腾讯也是利用与运营商紧密结合的无线业务带动了整个公司的发展。另一则案例：2005年，一个名为"超级女声"的选秀节目红遍中国，在这场全民投票狂热中，除了赞助比赛的广告商，运营商成为那年比赛的最大赢家：人们为自己喜爱的选手投票，几乎都是用短信方式，一条投票短信只需要花费一元钱，但当这种对偶像的狂热转化为狂热的短信投票时，运营商的信息费收入就积少成多了。微支付，这是很多施行免费战略的厂商行之有效的收费方式。

比之大数额、一次性支付，微支付让用户感觉不到自己在"花钱"。以网游企业为例，在免费网游中，玩游戏免费，但是有助于升级的"道具"是收费的。这些道具的价格，单个看来并不贵，但是一旦玩家开始沉迷，这些小量的微支付就聚沙成塔，呈现出一个可怕的消费总额：很多非理性玩家表示，有时候，自己花在道具上的钱，一个月能有几万元之多。

微支付，不仅对消费者有"模糊"消费总额的心理暗示，对成功的平台企业来说，即使是数量极少的微支付，在庞大的用户数量面前都能形成资金洪流。以腾讯公司的增值服务之一：以QQ秀为例，在QQ商城里，用户可以购买"衣服"、"宠物"以及QQ空间装饰所需的一切，这些低至10元、5元甚至1元的"小玩意儿"，乘以腾讯庞大的付费用户，变得十分客观：在腾讯公司2009年11月公布的第三季度财报中显示，互联网增值服务收入为人民币26.226亿元（3.840亿美元），而当季腾讯公司的总收入为33.689亿元（4.933亿美元）。这些大数额，正是数亿腾讯用户的微支付加和而成。

微支付是免费平台进行增值服务收费的有效途径，尤其是当你的用户看上去是"低消费能力"消费者的时候。

现在，很多SNS网站也采取了微支付的方法，开始增值服务的尝试。例如，人人网的人人豆，售价为1元钱，如同QQ币，用人人豆可以购买很多人人网提供的礼物，这些小礼物的售价一般在1到5个人人豆之间，价格不高。如果有足够多吸引用户的增值服务推出，这种微支付有望成为SNS网站的新增长点。

把价值"打包"

相比弹性强的增值服务，人们对免费的基础平台的认识要迅速和客观得多：基础平台提供的大多是必需的产品和服务，并且由于使用的人数多，一个平台好坏与否，是不是能持续发展，很容易判定。而让消费者接受增值服务则比较困难，尤其是当这种增值服务以一种全新的、概念式的方式展现出来的时候。

比如"云计算"。从2008年开始，这个词开始成为IT界人士喜爱的话题，它似乎"突然间"变得很流行：原本是普通的IT服务，厂商喜欢赶时髦地加上"云计算"的字样，立刻变得受关注度高了。但是，这种热闹似乎只是IT业界内的游戏。什么是"云计算"？它和我过去购置的服务器、软件有什么连结？它到底是一种服务还是设备？这些最基础的问题摆在了那些将这个概念包装的玄之又玄的IT厂商面前。实际上，"云计算"作为一种资源使用方式和新的商业模式，对IT产业来说都意义重大。但是，除了"云计算"本身没有实现大规模"公共云计算"的应用之外，缺乏对云计算服务的"打包"，相信也是一个症结所在。

增值服务收费的关键在于，如何让人们接受你所呈现的价值，并为这个价值付费，而这个过程中最重要的就是，如何让消费者认识到价值？尤其是在信息如此驳杂、选择如此众多的时代？把价值"打包"，是让人认识到价值所在的途径之一。

在这里，"打包"并不是简单地将不相关或者相关的产品组合起来，当然也不是为了吸引用户而做的一个华而不实的包装，而是一种产品和服务的整合。这种整合的意义在于，它把一种分散的、无形的服务"打包"成一个有形的、集中的"盒子"给消费者，让用户能实在地感受到"是什么"；另一方面，这种"打包"的过程实际上已经为消费者节省了一个本来需要他来完成的"遴选"过程，这种无形成本的节省是吸引人的。

当然，除了价值"打包"，这种"打包"的丰富性也应该同时有保障。在存在更多种选择的情况下，人们对"可以进行选择"的喜爱，会让你的增值服务看上去更加有被选择的可能性。

如果你是一名普通的网民，免费给我们带来哪些改变呢？别忘了，同互联网时代的所有新事物一样，免费，也是把双刃剑。

用"众包"理解你的工作方式

2009年6月，一本名为《众包：大众力量缘何推动商业未来》（以下简称《众包》）的书在中国出版。这本书的作者杰夫·豪是《连线》杂志的资深编辑。从主题来看这本书可以说是《长尾理论》的2.0版本。它观察到了这样一个现象：大众创意产品的水平和功效已经开始超越世界顶尖公司的专业水平。不仅如此，《众包》还提供了一种假设：人人都是艺术家、科学家、建筑师、设计师……它使人释放出无限潜力，使每一个人得以在不止一种职业上追求卓越。这几乎可以成为长尾理论得以实施的组织手段：不是企业，而是众包。

同样，"众包"也和"免费"有着密切联系：众包的产品中，除了企业雇佣的社会力量之外，都是免费向大众提供的，比如维基百科。当然，在中国的互联网上，可以看到，众包这种形式下产生的精神产品不在少数：例如各种论坛的精华帖子、博客、微博客……很多时候，这些"草根"力量的汇集，取代了专业报纸、杂志、电视媒体带给我们的导向作用，甚至影响了我们的一些重要决定。而这种变化更重要的意义在于，人人都有可能成为影响他人的众包形式中的一分子——**众包的方式，是"免费"成果得以展现的一个组织形式，而我们未来的工作方式，很可能与此相关。**

在前述的章节中，我们曾经提到过关于网络文学的发展现状，提到这样一个问题：很多人抱着成名、发财的"文学梦"走到这个圈子里来，却发现他们变得更"穷"。在关于免费的网络文学的讨论中，我们给出的解释是，作家和读者比例的相对较大，决定了注定有很多不受欢迎的网络写手会被淘汰，网络文学的蛋糕如同其他产业一样，不能保证太多的分食者。不过，在这里，我们要探讨的是这个问题的另一个视角：实际上，如果你仔细观察那些成功的网络作家，我们会发现，他们往往并不是单纯的网络作家。他们当中，有的是公司高管或者创业者，有的是公司职员、在校学生，有的甚至就在传统出版行业担当作者或者出版人角色。当然，他们当中，有些人在网络作品成功并为他们带来可观收入之后开始了专职写作，但让他们成名的网络文学作品大多是在他们并不以此为生的状态下成就的。客观来说，他们的"真正"职业的经历、人生际遇对他们的写作有很大帮助。这是众包的一个现实意义：未来，我们当中的大多数人可能拥有多份工作和身份，而它们同等重要。

分散，这成为免费时代的一个特点。资金的来源和去向变得分散了，价值的来源和去向同样也变得分散了。"众包"的工作形式就是后者的一种体现。如果我们从个人的收益角度来看免费，会发现，尽管免费给我们这些普通消费者带来了实惠，但当你就是"交叉补贴"中补贴别人的一方时，当为"免费"创造无限繁荣的资金当中包含你的工资时，情况立刻变得不是那么令人兴奋了。不过，"免费"的实现形式——众包，解决了这个问题。如果你是享受价值，同时也是创造价值的一方，通过"众包"，你的收益并没有减损，相反，在这种看似平衡的循环中实现了交换，实现了精神上的"增值"。

所以，不要固守工业化时代的"职业观"。用一种众包的理念去审视"免费"的时代，会让你在为未来获得更好的工作环境和收益。

让"免费"变得理性

免费不同于其他价格标签，很多时候，它往往是两种截然不同的事物的分界线，比如理性和非理性。

从消费的概念来说，你会发现，免费或者极低的价格往往会让我们额外地购买一些本来并不需要的东西，比如因为超市打折而买来的东西，为了凑齐"满50元免运费"的额度而凑来的你并不需要的书。

2008年，丹·艾瑞里出版了一本描述人们非理性的书籍《怪诞行为学》。在这本书中，他列举了这样一个案例：这是一个关于巧克力的实验。将质量较好的瑞士莲松露牛奶巧克力和相对普通的好时巧克力放在同一组消费者面前。在两者只能二选一的情况下，第一次，研究人员对它们的定价是：瑞士莲售价15美分，好时售价1美分。这时，73%的人选择购买前者，27%的人选了后者。第二次，研究人员将它们的价格都降低1美分：瑞士莲14美分，好时免费。这时，69%的人都选了免费的好时，而瑞士莲松露牛奶巧克力的销量则跌到了31%。免费改变了人们的偏好。

在这本《怪诞行为学》里，通过一系列日常生活中经常发生在我们身上的案例，提出了这样一个观点：尽管非理性并不能否定以理性行为为基础建立的经济学，但实际生活中非理性的存在确实是值得研究的一组现象，尤其是当这种非理性还可预期时。我们上述所举的例子即是"可预期的非理性"的典型实例：人们总是因为价格低廉甚至免费而购买一些并不需要的东西，而对此，人们心里很清楚。

因"免费"而造成的浪费，在互联网世界和现实世界大体相同。只不过，现实世界中，我们可能为我们的非理性付出的是额外的金钱，互联网世界里，这种浪费造成的往往是时间和注意力的流失。

可以"逛网店"，这成为很多人留恋淘宝的原因。除了时间，这种并不需要其他付出的方式确实显得十分便捷：不仅能根据自己的喜好直接搜索到需要的商品，还能快速地浏览多家店面，而且，不用遭遇只逛不买的尴尬。不过，一个不可否认的事实是，这种虚拟的逛街方式往往比实际的逛街更"浪费"时间，而由于选择太多，逛了几个小时的结果也经常是一无所获。

2009年，SNS网站变得十分火爆，而让这些网站如此火爆的原因，是源于一款叫做"开心农场"的网页游戏：在这个主要是"偷菜"、"种菜"的游戏里，菜地的扩充、蔬菜种类的升级让人"上瘾"，成为很多人上网必开的网页，遇到节假日外出，有人甚至雇人来"打理"自己的农场。尽管这比之"免费网游"因道具收费造成玩家"挥金如土"的道德谴责要小的多，但是，这也让人感叹：原来"无聊"而造成的一种"成瘾"是如此强大。

"免费"造成的浪费，让我们又回到了这样一个议题：真正有价值的东西仍然需要付出，这种付出可能不再是金钱，但可能是时间、注意力，或者其他更宝贵的

东西。

如果说，对于网上闲逛、沉迷网页游戏等的"浪费"，已经早就被人们认识到并且仍然处于见仁见智的状态，那么对于互联网上那浩如烟海的海量信息来说，它们"免费"所形成的"浪费"，则更加隐蔽。

网络发展至今，互联网越来越从一个工具定位转而成为一种作为环境的存在。很多人的生活已经离不开电脑和网络。而以"环境"的眼光审视互联网现在提供的一切，它们的价值和定位就了然于胸了：聊天工具、论坛、SNS 网站都像是这个互联网世界的基础设施，聊天工具就像现实世界的电话手机，论坛等于现实世界的传媒和课堂，而 SNS 网站则成为一个卧室和社区的结合。而在这些基础设施建设趋于完善之时，该是我们继续寻找更高追求的时候。

如何让"免费"变得理性呢？如我们上述所说，在免费的时代寻找更有价值的东西、实现更高层次的追求是一种途径。不过，更多时候，免费的非理性在于资源和共享本身——"科技是让人越来越聪明还是越来越笨？"正如人们经常对现代科技产生的疑问一样，对免费，你也一定不免心生疑惑：互联网上那么多免费的资源，免费是让人更加渊博，还是让人更加浪费时间？答案依然是一个中规中矩的回答：依个人情况而定。免费所代表的自由、开放的互联网环境为人们提供了一个前所未有的机会，那就是在所有前人基础上获得更丰富信息和知识的机会。但同时也带出了一个前所未有的难题：我们是否能充满智慧地利用这些信息，创造更多的价值和财富，取得人类进步？——这不取决于"免费"本身，而取决于我们每个人。

第十四章　关于互联网新经济的未来

网络越来越从工具论到一种环境论,而我们所说的一切免费即是互联网世界基础设施的完善过程,他们就像这广阔大地上的公路、桥梁一样,而这之上,是一个更为绚丽多姿的现代世界。而能否让互联网创造这一切,取决于我们的企业,我们每个人,以及整个环境和生态系统。

"免费"会长久吗?中国互联网会走得更远吗?仅仅依靠网民享受"免费"的惯性和企业利益驱动可以带来互联网的繁荣吗?我们梳理完目前存在与中国互联网的一切"免费"现象,仍然保有这些疑问。

免费是一种速度

当我们看过免费模式成就的公司,观察免费音乐、免费书籍、免费给媒体带来的冲击,直至免费在传统行业的扩展,这样一种感觉逐渐清晰起来:互联网已经逐渐告别它作为"工具"的时代,互联网已经成为一种"环境"。那么,QQ 聊天工具、Google、百度的搜索引擎、电子商务网站、SNS 交友和保持联系的功能、网游等,这些都成了这个环境中的基础设施。

如果互联网已经逐渐作为环境被人们接受,那免费的趋势是什么?可以说,免费是加速这种环境形成的催化剂,免费是一种速度。

当手机还没有在中国流行时,一种叫做"大哥大"的移动电话成为人们可以引以为豪的个人资产。在今天看来，这种电话笨重、功能单一，但在当时却是一种流行的风尚，一部"大哥大"的价格甚至达到上万元。现在，各种功能强劲的时尚手机充斥人们视线，比之厚重的"大哥大"，这些手机几乎是"薄如蝉翼"了。从以固定电话为主、"准手机"为辅的通信时代到现在3G铺展的年代，大概20多年的时间。

如果将这种比照应用到互联网行业，则互联网的速度还要快得多。从仅限于少数发烧友的Internet到如今在中国可以覆盖和影响4亿多网民甚至更多不上网人群的中国互联网，只有十年多的时间，而相对于农业、工业产业形成的漫长时间和超级消耗，互联网产业更多的是一种知识经济和创意产业，用环保的术语来讲，是一种低碳经济——"它几乎只用上海一座烂尾楼的价格就铸就了一个蓬勃发展的第三产业"。[1]

每次时代的变革，生产力的跃升都会使老式的生产力迅速贬值。"免费"也是。当互联网环境中的稀缺资源变为基础设施，它们的贬值在所难免。而这种势如破竹的瓦解也带给了传统行业，我们看到，音乐、电影、出版行业、传统媒体，无一幸免。免费是互联网的速度，而只有跟得上这个速度，才能适应这个时代。

免费之后，是即时的免费

免费是我们总结中国互联网发展至今的一个视角，如果把免费看做一个时代，那么免费之后的下一站是什么呢？

当然，从免费的程度来看，今天的成功的平台型互联网公司已经初步建立了具有大量用户基础的平台，而增值服务的完善还在进行中。免费的时代远没有结束。不过，我们倒是可以预见免费的新动向，比如即时的免费。

在过去的两年，移动互联网成为一个热点。尽管距离全民移动互联网的时代还有距离，但是一些具有移动互联网特性的应用已经率先亮相了，比如，微博客。和博客长篇大论的观点不同，微博客简洁、精要，人们没时间读完一篇博客，却绝对有时间看完微博客的140个字。你可以用它聊天、发表见解、组织活动、调查研究、推广产品、包装自我，这些功能随心所欲，更重要的是，它们都是即时的。相比"永远"，"此刻"最重要。

现在，Google 已经将 Twitter 的信息纳入它们整合信息的范围，移动互联网已经有 SNS 网站入驻，而聊天工具 QQ 则是早就依托电信网络可以"移动 QQ"了。当搜索变成了"即时搜索"、社区变成了"即时社区"、聊天变成了"即时聊天"，我们获得知识和信息的感受又将大不相同。

企业、政府的社会责任

如果说在互联网发展初期，企业将主要精力放在市场拓展、用户争夺上，那是无可厚非的，而当这个产业逐渐发展成为国民经济、人们日常生活中一个重要组成部分的时候，企业社会责任就变得与企业赢利一样重要。

我们看到，就在我们所列举的成功的免费模式企业中，社会舆论的道德谴责就隐藏在他们绚烂的商业果实之下。采用免费网游模式的企业往往受到来自家长的指责：游戏免费，道具收费的模式让他们的孩子失去自控力，沉迷于网游，影响他们的正常成长；一些提供 MP3 下载、视频播放的网站一直在侵犯版权、著作权的边缘行走：他们提供的免费下载剥夺了创作人的合法收入，而因此创造的收入构成他们财务报表的一部分。

免费时代，企业该如何履行自己的社会责任呢？

需要厘清的是，免费虽然体现了自下而上、揭竿而起的一种"草根"革命，但是，企业本身的形象和影响力并没有随着这种集体狂欢的出现而变得模糊。追逐利益、扩大市场、打击竞争对手仍然是它们的商业本性，而履行社会责任，也要从它们的商业模式出发，而不仅是用平台赚取的利益直接掷向慈善机构。

阿里巴巴在这方面有了一些探索。它提出的一个观点对这个时代的互联网企业，甚至所有类型的企业都具有启发性：把企业社会责任内化到自己的商业模式中，企业才能真正有效地履行它的社会责任。从阿里巴巴自身的实践来看，它在网商诚信和中小企业贷款方面作出了一些值得肯定的尝试。它推出的"网络联保"的贷款方式就是将这两点联系了起来。从电子商务平台以及整个电子商务的生态系统来说，这都具有积极的意义。

在双边市场的讨论中我们提到，与单边市场不同，双边市场的结构性比较强，平台型企业和两边上企业的关系对整个市场特别重要。对维护整个产业的平衡来说，守好各自的楚河汉界是重要的。如果通道取代了服务提供商，平台企业将增值服务提供的下游厂商一并打败，试图达到"通吃上下游"的局面，那么最可能的结局就是"如虎添翼"的结局：具备不该有的竞争优势会让老虎向恐龙一样灭绝，失去了稳定生态系统的强者只能在资源匮乏和创新缺乏中死去。

自2008年开始，政府对于互联网监管的一系列措施经常成为互联网行业的热门话题。同企业的认知一样，政府部门对于互联网的发展，也必须意识到，互联网已经脱离了作为一种工具的单一性，而作为一个环境，一个生态环境而存在。所以，治理互联网的政策和原则应该同维护一个生态系统的平衡、健康相同：对于市场、企业之外无法达成的社会目标，不能出现政府的缺位，但是所有的监管措施必须把持这个底线：不影响这个生态系统的丰富性。这样，才能保证互联网产业成为一个环保、高效的产业，为一个国家的产业转型贡献力量。

"免费"与"慈善"共荣

是不是所有美好的结局都可以依靠商业力量来实现？以我们所看到的免费世界，似乎这成为一种倾向：免费不仅造就了商业成功的企业，还解放了知识的"生产力"，给人们带来了分享、交流、求知的快乐。同以往的商业模式不同，这似乎成为一个不需要"监护"的青春少年。

不过，免费是一种商业模式，也仅仅就是一种商业模式。用商业手段无法达成的所有正确的事情，都应该依赖非商业的图景实现，这正是政府和社会机构的职责所在。

比如，尽管在免费模式的竞争中，对用户有真正价值的产品和服务最终会胜利，但是，在变化如此迅速，竞争如此激烈，用户喜好如此容易被诱导的时代，"免费"之外，还需要慈善。

"慈善"的功用在于，对创意产业核心的保护。互联网产业同农业、工业产业的不同在于，它是以知识经济为主体，而创新则是这个行业的先进生产力。对于需要较长创作周期的创意产品和产业，政府和社会组织的职责就在于保护和支持它们，使它们成长发展，壮大到足以凭产品本身的商业价值立于竞争中。"慈善"和"免费"共荣，才能让互联网环境更加健康。

中国互联网能走多远？作为一个观察中国互联网发展的人，这是个经常出现在这些商业变迁之上的问题，也是世界看待中国发展的一个窗口和标准。尽管我们看到了很多互联网公司的成功，但是看上去它们的成功更多地依赖于中国的庞大用户群形成的天然优势，有的，更是幸运地赶上了互联网发展初期的第一班车。而大多数互联网公司的模式都来自美国"先例"的启发。这些占尽先天优势的公司能在未来的竞争中可持续发展吗？中国互联网可以走到世界的前列吗？这些疑问还将伴随我们走进新的一年、新的时代。而问题的答案呢，在于中国互联网公司能否在4亿网民的基础上实现真正的创新，在于我们能否利用这一个时代取得个体的完全发展，全部总结为：在一个异常好的时代，我们是否能作出非常正确的选择。

注 释

第二章

1. 数据来源：Google Investor Relations，http：//investor.google.com/releases/2009Q4_google_earnings.html

2. 根据 Google 发布的2009年第四财政季度报告，Google 自己的网站所产生的营收在总营收中所占比例为66％，Google 依托 AdSense 联盟所获得营收在总营收中所占比例为31％，两者之和超过总营收的90％。数据来源：Google Investor Relations，http：//investor.google.com/releases/2009Q4_google_earnings.html

3. MBA 智库百科．交叉补贴．http：//www.mbalib.com/

4. 站长百科．Google Adwords．http：//www.zzbaike.com/wiki/Google_Adwords 11

5. 引自约翰·巴特利．搜：通向世界的巨型引擎．张岩，魏平译．北京：中信出版社．2006。

6. 数据来源：腾讯网，http：//tech.qq.com/a/20100114/000198.htm

7. 数据来源：中国互联网络信息中心（CNNIC）.《第25次中国互联网络发展状况统计报告》.2010。

8. 数据来源：腾讯网，http：//tech.qq.com/a/20091111/000414.htm

第三章

1. 数据来源：新浪科技，http：//tech.sina.com.cn/i/2009-11-10/17123580173.shtml 26

第四章

1. 纪汉霖．双边市场定价策略研究．2006。

2. 同上。

第五章

1. 张雷．媒介革命：西方注意力经济学派研究．北京：中国社会科学出版社．2009。

2. 数据来源：中国互联网络信息中心（CNNIC）.《第25次中国互联网络发展状况统计报告》.2010。

3. 张雷．媒介革命：西方注意力经济学派研究．北京：中国社会科学出版社．2009。

第六章

1. 姜奇平 . 需求曲线可以"经常向上". 互联网周刊 .2004 。
2. 同上。

第七章

1. 杰夫·豪 . 众包：大众力量缘何推动商业未来 . 牛文静译 . 北京：中信出版社 .2009 。

第八章

1. 卫炜 . 遭网络蚕食——唱片业何以续写不死神话 . 中国产经新闻报 .2009年7月13日。

第十四章

1. 资料来源：姜奇平。激荡的十年 . 互联网周刊 .2008年10月20日。

参考文献

[1] 约翰·巴特利.搜：通向世界的巨型引擎.张岩，魏平译，北京：中信出版社，2006。

[2] MBA智库百科.交叉补贴.http：//www.mbalib.com/。

[3] 站长百科.Google Adwords.http：//www.zzbaike.com/wiki/Google_Adwords。

[4] 王丹丹.盛大免费模式大扫描.竞报.2007年9月25日。

[5] 王乐.盛大免费的前前后后.经济观察报.2005年12月17日。

[6] 直击盛大免费网游.免费网游专题TOM游戏.http：//www.yxnpc.com/zhuanti/shengda/index.html。

[7] 纪汉霖.双边市场定价策略研究.2006。

[8] 张雷.媒介革命：西方注意力经济学派研究.北京：中国社会科学出版社.2009。

[9] 洪波.东拉西扯：Twitter变形记.http：//blog.donews.com/keso/。

[10] 姜奇平.需求曲线可以"经常向上".互联网周刊.2004。

[11] 百度百科.正反馈.http：//baike.baidu.com/view/246281.htm。

[12] 杰夫·豪.众包：大众力量缘何推动商业未来.牛文静译.北京：中信出版社.2009。

[13] 克鲁·泡特金.互助论：进化的一种因素.李平沤译.北京：商务印书馆.1997。

[14] 马塞尔·莫斯.礼物：古代社会中交换的形式与理由.汲喆译.北京：上海世纪出版集团.2005。

[15] 李伦.Linux对信息时代伦理的挑战和意义.湖南文理学院学报.2006。

[16] 科技中国.理查德·斯托尔曼.http：//www.techcn.com.cn/index.php？doc-view-130695。

[17] 郭颖哲.陶喆等网络重造唱片 音乐向互联网全面开放.第一财经周刊.2009年9月7号期.2009。

[18] 卫炜.遭网络蚕食——唱片业何以续写不死神话.中国产经新闻报.2009年7月13日。

[19] 蒋肖斌.千字提成一分钱：网络写手只是文字农民工？.中国青年报.2010年1月5日。

[20] 孙泠.被冤枉的周鸿祎.互联网周刊.2009年11月20号期。

[21] 陈旭.亚航强大的中国攻势让中国本土航空公司感到紧张.财富时报.2009年3月23日。

[22] 北京晨报.2009年12月23日。

[23] 何雄飞.亚航从25美分起步：诠释低成本航空成长之路.新周刊.2009年6月23日。

[24] 孙泠.与免费作战.互联网周刊.2010年1月5号期。

[25] 克斯里·安德森.长尾理论.乔江涛译.北京.中信出版社.2006年12月。

[26] 姜奇平.长尾战略.北京：中信出版社.2007年4月。

[27] 艾瑞里.怪诞行为学.赵德亮、夏蓓洁译.北京：中信出版社.2008年10月。

后 记

在这本书即将收尾的时候，三件事情的发生吸引了我的注意力：Google 宣布可能关闭中国运营，图书出版行业出台了保护传统出版渠道的"图书新规"，网游分级的议案被提请，并有可能在北京率先实行。这三个消息几乎是接二连三、气喘吁吁地急于赶在中国农历牛年的末尾给即将来临的虎年三个大大的悬念。它们所代表的问题还将在未来继续成为人们关注的焦点。Google、网上书店、网游，这三个新闻的主角，分别对应搜索（这似乎已经可以成为一种独立的互联网行为）、求知、娱乐。互联网的发展已经使它的每一小步都有可能成为历史上的一大步。这三条新闻，一石激起千浪，顿时让媒体忙做一团。

去年，当商务印书馆的范海燕老师第一次与我商讨免费经济的选题时，我当时的第一感觉是兴奋：在众多可堪成文的视角中，免费，几乎是与网民走的最近的一个。这也符合我对当前互联网文化和经济的认识：互联网不是缩在小圈子里的硅谷工程师式的小众文化，也不是只有一夜暴富的"邻家的百万富翁"式的传奇，互联网就是一种环境，里面有你、有我，有众多网民中的每一位，以及我们的真实生活。

本书着重强调了免费给予广大网民的快乐和自由感，不过，这种快乐和自由似乎让很多互联网服务公司的收费服务难以下手。在本书前几章节的描述中，突出强调的一个免费模式即是：免费的基础平台 + 收费的增值服务。在中国互联网产业，找到免费案例很容易，找到成功的收费案例却不那么容易——因为那象征着企业平台的完善和对其目标群体的自信。而就在本书付梓之时，我本人就体验了一次被成功收费：花45元钱包月订阅了凤凰网宽频 vip 的全套节目。付费之后，我可以在任意时间、任意有网络接通的地点通过互联网收看凤凰卫视的所有节目——我不了解凤凰网这项服务的定价机制（对于喜欢这个节目的人来说，定价在较大范围内浮动的影响不大），但是可以确定的是，正如书中阐述的观点：只要提供有价值的服务，用户非常愿意为此付费，甚至以超出服务本身的价格。成功的免费并不容易，但是一旦找准方向，便大有可为。

当书稿即将完成之时，我曾把其中的章节（关于免费音乐、免费书籍的章节，相信是这种近距离描述中离读者生活最近的章节）发送给我的朋友看。她说："很新颖，有很多出路和角度我没有想过。"她是名牌高校的会计学研究生，每天要通过互联网查资料、聊天、"摘菜"。而以这样频繁的密度接触互联网，她仍然对互联网本身免费的特点没有动机去了解——就像空气之于天地万物，免费之于互联网，自然到太过平常，以至于我们忘记了它的慷慨。这也给我一个提示：在从事IT记者工作的两年中，各种针对公司的报道充斥着我的工作时间，而却忽视了向我们最重要的一个受众群体——网民——来传达互联网本身的魅力。要知道，互联网的一半魅力来自我们回首对它的感叹和总结。

正如我在书中提到的免费精神，在成书过程中，我也得到了来自我所在《互联网周刊》的同事、IT媒体同人的无私的、免费的帮助，他们对于各行业的深入思考令我获益良多。

我还要特别感谢中国社会科学院信息化研究中心秘书长姜奇平老师。姜老师同时也是《互联网周刊》的主编。他曾深入研究两个成功的"免费"企业：腾讯和阿里巴巴，知其形并知其核，在理论和案例阐述方面给我很大指导和帮助。

当然，也感谢商务印书馆该套丛书的推出。当人们越来越感觉到互联网经济对当今社会经济、生活的深刻影响时，这套丛书的推出无疑有助于更多的人认识和了解互联网世界，并在了解的基础上改变和改善自己的生活，也有助于企业从一个更普遍和宏观的角度审视自己的行业定位。

按精确的"定义"来说，我是一个"85后"。其实，在更多"80后"眼中，互联网不只是我们聊天、八卦的场所。恰逢一个崭新的世界和一个崭新的中国，互联网在我们的成长中恰巧扮演了一个崭新环境的角色。在这里，我们感受到共享、互助，体会到快乐和自由。这种特殊的情结可以让我以一种近距离的视角来描写中国式免费，来介绍一个克里斯·安德森视角中未曾清晰的免费模式，让我可以用一种近乎描写初恋的笔法来把一个商业模式和一个精神世界写给读者看。

尽管这本书从策划到成书经历了较长时间，但是这对瞬息万变、充满无限可能性的互联网世界来说永远显得仓促。不足之处还望各位读者、各位网民以及互联网同人指正批评。互联网的未来在于我们每个人的选择和取向，对于互联网的描述和总结也是如此。唯有这样，才能始终不负互联网精神的最核心要义。

刘琦琳
2010年 北京